잃어버린 세월

설복도 수필집

교음사

책머리에

해맑은 날을 맞아 하루를 마감하는 낙조(落照)는 그림처럼 아름답기만 한데 나의 지나온 길은 안개 속 미로를 헤매듯 진로와 출구를 제대로 찾지 못한 것이어서 만감이 교차한다.

오직 자연의 섭리대로 정직하게 살아왔는데도 오히려 역풍을 피하지 못하고 출렁거린 세월의 연속이었다.

생존본능의 길이 다양한데도 그것을 미처 파악하지 못했을 뿐 아니라 예비 지식과 지략(智略) 또한 부족했다. 그래서 정신연령이 성장하지 못하고 순진무구의 동심의 세계에 머무르고 있었는지도 모른다.

나의 문단생활이 안정된 기반에서 출발했다면 정상적인 삶의 좌표를 제시한 내용들이 많았을 것이나 순탄하지 못한 탓으로 모순된 사회현상을 고발하는 것이 많았을 것이다.

인간의 본성(本性)이 이기(利己) 쪽으로 치우쳐 있었다는 것을 미리 알았더라면 나의 진로는 완전히 뒤바뀌어 있었을 것이다.

그러나 이미 이 길에 깊숙이 진입해 있는 이상 서툴게 길들여진 대로 가고 있을 뿐이다.

타고 난 시대와 배경 탓도 있지만 잠재한 나의 DNA를 활용하여 마음껏 꽃피어 보지 못한 것이 아쉽기만 하다,

내가 꼭 가야 하고 하고 싶은 말이 있는데도 그 길은 굳게 닫혀

있었고 열리지 않았다.

모진 세상 자립하지 못하고 항상 얹혀사는, 모자라는 삶을 살아가고 있는 것이 한(恨)으로 남는다. 어쩌면 이기적인 삶의 방식을 터득 못한 우매(愚昧)함에 있다고나 할까,

그러나 어쩌랴 지나온 세월 뒤편에서 낡은 삶의 한 부분을 도려내는 정리작업인 바에야….

서툰 나의 글밭 경영이 1980년대 초부터였으니 이미 40여 성상이 지났다. 습작기를 거쳐 탄탄대로의 길을 걸어야만 했는데도 무모하게 뛰어들어 시련을 겪기도 했지만 어쨌거나 제대로 면모를 갖추기에 상당한 세월을 뭉갰다.

1990년 서정범 교수님의 세미나장에서 서평 받은 것이 그해 초회 추천을 받아 새로운 지평을 열기는 했으나 다음이 문제였다.

우선 다양한 경험과 견문에서 뒷받침할 다음 작품을 생산해야 하는데 고르지 못한 일상에서는 힘겨웠다. 일상도 문제였거니와 프로 입문의 중압감이 옥죄어 왔다. 그렇게 10년 세월 뒤에 2000년 천료로부터 또 20년이 넘어서야 첫 수필집을 상재하게 되니 늦둥이 중에 늦둥이임을 자처하는 터다.

애당초부터 전문 문인이 되리라고 생각 못 했기 때문에 전념하지

못한 탓도 있지만, 시대의 흐름에 편승하지 못한 탓이 크다.

아동문학에 수필, 시조 장르까지 넘봤으니 남들은 양껏 욕심부렸다고 하겠지만, 어쩌다 보니 나도 모르게 그렇게 되었다. 어느 한 곳에만 집중하지 못해 전문성을 잃지는 않았을까 염려되지만, 아량으로 감싸주기 바란다. 주변에는 아직도 아우성이 많다. 그림에서도 문인화, 민화, 서예 등도 애착이 남아 있어 손을 뗄 수가 없다.

먼길 지나온 만큼 수확은 변변치 않아도 쭉정이라도 새롭게 갈고 닦으면 옥석이 될 날도 있으리. 그동안 같은 길을 동행한 일들에 감사하고 앞으로도 좋은 인연으로 엮어 가다가 마지막 마무리까지 아름다운 기억창에 남기를 바란다.

그늘에 가리었다가 빛을 보게 되기까지 끝까지 애써준 이민호 작가님과 강병욱 대표님께 고마움을 전한다.

2021. 11. 망일봉이 내다뵈는 寓居에서

저자 **설복도**

설복도 수필집

1. 잃어버린 세월

2. 변해야 산다

3. 비워 둔 자리

4. 달그림자

5. 비 오는 날의 명상

1

잃어버린 세월

유난히 하늘이 높은 날엔

유난히 하늘이 높은 날엔 산이나 바다로 간다. 내 맘속에 자리하고 있는 일상의 찌꺼기들을 비우기 위해서다. 벌집을 건드린 것처럼 왕왕거리던 도심을 빠져나와 한적한 산 입구에 다다르면 마음이 달라진다.

이제 펼쳐질 자연과의 대화. 오솔길을 돌아들면 비록 흙과 수목뿐이지만 말없이 스며드는 시원함과 상쾌함. 바람도 숨을 죽였고 수목들도 침묵을 지키지만 내 맘은 개운하기만 하다. 눈을 크게 뜨고 귀를 열어도 아무것도 볼 수 없고 들을 수 없다. 풀벌레나 산새 소리라도 들릴 것 같은데 천지간에 외로운 나그네뿐이다.

칠월칠석날 까치가 없어진 그런 썰렁한 분위기를 연상케 한다. 날짐승, 들짐승들이 더러운 속세 나부랭이가 침범하는 것을 알고 피해버린 것일까? 아니면 무딘 감각으로 생동하고 있는 자연의 소리를 듣지 못함인가. 그렇다고 잡다한 세상일들을 독수공방에 틀어박혀 앉아서는 알지 못하듯 길이 아닌 산속을 파헤쳐 볼 생각은 없다. 그저 식상한 일과를 잊기 위함에서라면 속세를 떠난 기분, 이런 홀가분한 분위기도 좋을 것 같다.

꼬불꼬불 언덕을 올라 평원도 만나고 돌무덤도 지났다. 정상을 지척에 둔 편편한 바위에 앉아 땀을 훔치며 지나온 길을 되돌아본다. 길은 소나무 숲이 가렸지만, 저 아래 손에 잡힐 듯 작은 도심이 펼쳐진다.

반쯤 열린 세상. 그처럼 북적대던 일상이 납작 엎디어 액자 속에 들어앉았다. 내노라 떵떵거리는 영욕(榮辱)의 인간들. 여기 와서 자연을 배우라. 세상의 모든 부귀영화도 한낱 액자 속에 갇힌 그림 조각의 일부분일 뿐, 아무 소용이 없다.

치사한 수단, 방법으로 영화를 투망하는 자, 온갖 추함을 흠씬 뒤집어쓴 자들이 한 번쯤은 여기 와서 마음을 헹궈볼 일이다.

자연은 말이 없다. 알면서도 그 무한한 포용력으로 감싸줄 뿐이다. 산 중턱에 앉아서 반쪽 세상을 보아도 이 지경인데 정상에서 온 세상을 굽어보면 어떨까?

소슬바람에 등을 밀리어 가파른 길을 오른다. 깎아지른 암벽, 치솟은 협로(峽路) 사이사이에서도 생명은 살아 숨 쉬고 있다. 길 양옆으로 군데군데 잔솔개비도 베어지고 파인 길도 자갈이나 돌멩이로 메워져 있다. 벼랑 위에 누구의 정성인지 작은 돌탑도 층을 이루었다. 이런 곳에서도 남을 위하는, 아니 공생한다는 뜻을 새긴 작은 지성들을 만날 수 있어 기쁘다.

오를수록 내려앉는 하늘, 사방이 열리기 시작한다. 숨죽였던 바람도 길을 나선다. 드디어 하늘과 제일 가까이한 자리에서 나의 동공에 확 당겨지는 풍경들이 다가온다. 구름도 머리카락을 건드리며 지나고 올망졸망 크고 작은 섬들도 가까이 다가와 둘러앉는다.

옆과 옆, 앞과 뒷산들도 다투어 병풍을 친다. 멀리 산과 들, 산 사이에 숨은 작은 바다는 담 안에 든 연못에 불과하다. 손 뻗으면 닿을 듯 다도해의 풍경은 이렇게 가까이 있는데 저 아래 한 점, 점으로 떠가는 저 배는 산굽이를 돌고 돌아 얼마를 가야 하나.

산 정상에서 천하를 굽어보는 마음, 손바닥 위에 얹힌 한 세상. 오늘 하루만이라도 세속을 떠난 신선놀음이다. 이곳에서 하루를 보내면 속세에서의 백 년을 누린 삶과 맞바꿀까.

둘러앉은 산과 산, 섬과 섬들은 어느새 물 위에 떠서 흐르는 연꽃이 되어 주봉(主峯)을 시샘이나 하듯 감싼다. 여기 그대로 눌러앉으면 정녕 미륵불이 될 것 같다. 해가 뉘엿뉘엿 서녘으로 기울면서 길게 뻗쳐오는 산 그림자는 밀물처럼 죄어와 산허리를 찰방찰방 적시고 있다. 보다 뚜렷해지는 계곡들의 곡선미, 높고 깊은 곳의 명암이 선명하게 얼비친다. 발밑으로는 소나무, 참나무, 오리나무 숲들이 보드라운 양털처럼 차분하게 깔렸다. 초록 양탄자를 펼쳐 놓은 것 같다. 그대로 폭삭 뛰어내려 안기고 싶다. 어디서 순한 솔바람 한 줄기 코끝을 돌아들어 스르르 눈이 감긴다. 갑자기 무인도에 홀로 남겨진 기분이다.

마음을 비워 모든 가식을 떨쳐버리고 알몸으로 살아가는 자신을 상상해 본다. 깨끗함도, 추함도, 미련도 드러낼 것 다 드러내도 부끄럼 없는 원색 인간, 따지고 보면 입고 있는 옷 한 벌도 필요 없는 그런 곳.

그곳은 아집이나 자존, 시기, 질투 따위는 존재치 않음은 물론, 어떠한 힘으로도 침범 못 할 성역이겠기에 말이다.

추우면 나뭇잎을 덮고 동굴에라도 들면 되고 더우면 물에 뛰어들고, 배 고프면 자연이 제공하는 열매나 나무뿌리 등으로 허기를 때우면 되고 바다는 또 무한의 보고 아닌가.

이것이 인간 본래의 모습이 아니겠는가. 그러나 세속의 잔영과 번뇌는 어떤가. 무엇이든 하나라도 더 가지려고 살얼음판이다. 가진 자가 우선 육신은 편할지 몰라도 가진 것 없는 영적인 풍요로움을 저들은 어찌 알 것인가.

인간은 태어나서 죽을 때까지 진실만을 추구해도 부족한 삶인데 그 진실이 외면당하는 세상임을 어이하랴.

언젠가, 언젠가는 햇볕 들어 진실이 인정받는 날, 지구촌의 아침은 영원하리라. 이 세상 모든 일은 다 부질없는 것. 빈손으로 왔다가 빈손으로 가야만 하는 길, 그 길은 무엇으로도 막을 수 없다. 한 평 땅, 내가 묻힐 단 한 평 땅, 그것이면 그만인 것을.

사랑과 자비, 인내 그리고 사랑하리라, 베풀리라, 그리고 참으리라. 그날이 올 때까지는 안으로 안으로만 삭히리라. 그리고 언제까지나 기다려야지.

더도 말고 마음 맞는, 진정 내밀한 한 올의 정도 쪼개어 나눌 짝이 있다면 이대로 무인도에 남고 싶다. 쌓이고 쌓인 세속의 찌든 땟자국을 말끔히 씻어내고 천상천하 유아독존, 해탈의 경지에 이르는 보람.

그래서 유난히 하늘이 높은 날엔 산이나 바다로 간다.

(1988)

추야소곡(秋夜小曲)

화장터 굴뚝 위로 구름 한 점 둥실 떠간다.

수수깡처럼 마른 육신, 석쇠 위에 올려놓고, 우리들은 이렇게 애간장을 졸이는데 사랑하던 이들 다 뿌리치고 먼길 홀로 떠나시나 보다. 우-우 석쇠 달구는 소리에 유족들은 반사적으로 울음바다가 된다.

나는 먼 하늘을 한참 동안 올려다보다가 휴게실에 앉아 소주잔을 들이켰다. 문상객들은 저마다 고인의 행적을 논하며 도시락에 술잔도 간혹 곁들이지만 도저히 목구멍에서 요구하는 건 애달픈 소주뿐이다.

이승에 온 표적이라고는 몇 줌 가루로 남은 육신의 흔적뿐이다. 강물처럼 뒤돌아봄 없이 고이 가시라고 고향집이 보이는 바다 한가운데 뿌려 드렸다.

떠날 사람 다 떠나고 가까운 친지들뿐, 저마다 헤어지기 아쉬워 술잔이 오가고…. 언제나 길흉사 뒤엔 으레 그렇듯이 무료함을 달래기 위해 한편에선 바둑을 두고 화투판도 벌인다. 삼삼오오 모여 앉아 저마다 살아온 세월을 새김질하며 후회도 해 보고 긴 한숨 지으며 찔끔찔끔 눈물도 찍어 낸다.

얼마나 지났을까. 피곤에 지쳤음인가. 약 먹은 파리처럼 비실비실 하나둘 쓰러지더니 마지막까지 잔을 비워내던 외톨이 상주마저 눕고 만다.

마당엔 침묵보다 더 무거운 고요 속에 달빛이 쏟아지고 있다. 이제 울어줄 사람은 아무도 없다. 다만 풀숲에서 또르 또르르 풀벌레 울음이 대신할 뿐, 혼자가 된 나는 비틀걸음으로 바닷가에 나섰다.

길게 늘어뜨린 달그림자가 나를 반긴다. 어서 오라고. 어서 와서 예처럼 벗하자고. 때마침 바람 한 줄기 불어와 옷깃을 붙잡는다. 얼굴까지 감싸고 돈다. 와락 한기가 느껴지며 소름이 돋는다. 그때야 정신이 번쩍 든다.

그렇게도 사랑했으면서도 자주 찾아뵙지 못한 일이 회한으로 가슴을 친다. 몇 달 동안 병원에 누워 괴로워했으면서 행여나 충격 줄까봐 소식 한번 없었던 서운함. 어이 그리 할 말이 없어 말 한마디 남기지 않으셨는지….

이 조카가 미워 그러셨던 건 아니었는지. 오늘에야 뼈저리게 후회해 본들 무슨 소용이랴. 다만 고이 잠드시라고 명복을 빌어 드릴 뿐.

'죄송합니다. 외삼촌, 이제야 통한의 눈물 흘립니다. 용서하소서.'

시대 따라 옛날처럼 그 화려한 꽃상여 한번 쓰지 못하고 나무곽에 붉은 명정(銘旌) 얹어 한 줌 재로 산화시킨 아쉬움이야 이루 말할 수 있으랴.

발아래 고운 물결이 위로라도 하듯 넘실넘실 춤추며 온다. 그 물결 위로 아련하게 겹쳐오는 할아버지 꽃상여.

'어화 놀 어화 놀 어라리 넘차 어화 놀…' 명정을 앞세운 상여 뒤에 빨강, 파랑, 노랑, 하양, 수많은 만장(輓章), 만사(輓詞)들의 물결, 이어 조문객들의 행렬이 장사진을 이룬다. 앞소리 상두꾼의 구령에 맞춰 열두 명 상두꾼은 상여를 비틀비틀 흔들어대고 길게 늘어뜨린 만장, 만사들도 바람에 나부끼며 덩달아 춤을 춘다.

그날 할아버지가 떠나시던 날의 만장은 이승의 마지막을 장식하는 것이 아니라 새로운 세상에로의 출발을 알리는 깃발처럼 느껴졌었다.

이제 자리를 뜰 때가 됐나 보다. 찬바람이 옷깃을 파고들고 발아래 넘실대는 물결이 나를 밀어낸다.

산다는 것은 무엇인지. 우리는 언제나 혼자가 아닌가. 다시 일상으로 돌아가야 할 시간, 아직 덜 깬 술기운으로 현관문을 들어서는 벽면에 나의 시선을 붙잡는 게 있다.

긴 세월 감아 온 설움 타래타래 풀어내어
유년(幼年)의 그 허허한 벌판 바람받이에 홀로서다
적막을 새김질하며 흐느낌의 강(江)이 흐른다.

– 저자의 졸작

(2006)

환아조령(還我祖靈)

결코 좌시할 일이 아니었다. 내가 턱없이 작아짐을 실감했다. 지난해 TV 채널을 돌리다가 참담한 상황을 목격하고는 우리의 현실을 되돌아보게 되었다.

'환아조령'이란 피켓을 흔들며 일본 야스쿠니신사 앞에서 촛불시위가 펼쳐졌다. 해방된 지 61년, 신사에 갇혀 있는 우리 조상들의 영혼을 돌려 달라며 목이 터져라 절규하던 모습들이 생생하게 다가온다.

타이완 원주민, 재일 한국인, 일부 일본인 등 수백 명을 진두지휘하던 그 맹렬 여성은 젊디젊은 타이완의 여성 지도자였다. 철야 농성을 하며 일본 우익 단체들과 몸싸움이 격렬했다. 더구나 "일본 지도자들의 야스쿠니신사 참배 반대"라 외치니 내정간섭 말라며 맞대응하던 뻔뻔한 일본 사람들. 내년에는 타이완 원주민 46만 명을 총동원하여 기어이 조상들의 원혼을 해방시키겠다고 다부진 결의를 보여 주었다.

그러나 아~ 나는 누구인가? 우리는 지금 무엇을 하고 있는가. 다 같이 속박받은 민족으로서 이 일을 보고만 있을 것인가. 더러운 게다(일본의 옛 신발)발이 36년간 우리의 조국 강산을 무참히도 짓밟고 유린하지 않았는가. 우리말과 우리글은 물론 창씨개명이란 허울 좋은 미명 아래 성과 이름까지도 빼앗았다. 민족정기를 말살시키고자 전국 곳곳의 명산에 쇠말뚝을 박아 혈(穴)을 차단하고 산과 땅을 파헤쳐 지하 광석을 무던히도 도굴해 갔다. 귀중한 문화유산을 양껏 도둑질해 자기 것으로 만들었다. 청장년들은 총알받이의 전쟁 무기로 삼았고 부녀자는 정신대란 이름을 붙여 군대의 노리개로 희롱했으며 농수산물까지도 좋다는 것은 모조리 싹쓸이해 갔다.

그러고도 한국 침략은 한국을 근대화시키기 위해 자기희생을 감내한 것이라 하고 창씨개명은 원해서 해줬다고 목에 힘을 주고 있다. 청·일, 러·일 전쟁을 일으킨 전범국 일본이 그 전쟁을 다 나쁘다고 볼 수 없단다. 그런가 하면 세계 여론의 반대에도 불구하고 최고지도자라는 사람들은 전범들의 망령이 깃들어 있는 야스쿠니신사를 계속 참배하면서까지 주변국들의 심사를 건드리고 있다.

1945년 나가사키와 히로시마에 원폭 한 방씩 맞고 일본 국왕은 오줌을 찔끔거리며 두 손 번쩍 들었다. 그때 미국과 평화헌법을 만든 것이 ①전쟁의 영구적 포기 ②군사력 보유 불가 ③군사력 개입 금지였다는데 그 약기운이 떨어져 침략야욕의 근성인 미친병이 도지는가 보다. 자위대란 명목으로 군사비 50조 원을 쏟아부어 세계 2위의 군사력을 자랑하고 있고 최근에는 미국이 언제 어찌 될 줄 모르니 핵무기도 고려해야 한다고 망언하고 있다. 또 미국과 친교하여 군주국 헌법을 개정해야 한다고까지 떠벌이고 있음이 가관이다. 일본의 이러한 움직임은 시대착오적인 발상으로 세계를 향한 외교 전쟁화 내지 선전포고로밖에 볼 수 없겠다. 전범국의 닉네임에 걸맞게 속죄의 겸손은커녕 오히려 미화하고 정당화하려는 속셈인 것이다.

다 같은 전범국 나치 독일은 자기들의 잘못을 시인하고 사죄하는 반면 과거의 잘못된 역사 인식을 후대들에게 가르치고 있다는데 오히려 일본은 후세 교육용 역사 교과서를 왜곡 날조하고 있다. 그런가 하면 독도를 다케시마로 자기 것인 양 우기고 있으며 동해를 일본해라 표기하고 있지 않은가. 좀 더 세월이 지나면 등 뒤에 있는 태평양도 일본해라고 하지 않을지 의문이다. 덩달아 중국도 옛 우리의 고구려 역사를 수정하여 백두산까지 야금야금 갉아 들어와 장백산 개발에 박차를 가하여 새로운 역사를 쓰고 있으며 또한 제주도 밖 이어도에 군침을 흘리고 있다.

일본이 동해를 일본해라 하고 중국 또한 황해를 중국해라고 해도 우리는 계속 함구하고 있을 것인가.

2006년 현재, 세계 10위권의 경제 대국에 2만 불 시대, 외환 보유액 2,400억 달러, 조선업 및 반도체, 인터넷 세계 1위, 세계 5대 자동차 생산국인 우리나라, WHO 사무총장(이종욱), ESCAP 사무총장(김학수), UN사무총장(반기문) 등 이런 막강한 힘을 가지고 있으면서 질질 끌려만 다닐 것인가.

왜 연해주나 길림성, 대마도는 우리 것이라고 목소리를 높이지 못하고 이승만 대통령이 그은 평화선은 사수하지 못했는가.

우리 선조들은 풍전등화의 조국을 구하기 위해 낮밤을 가리지 않고 몸과 마음을 불살랐다. 차마 떠올리고 싶지 않은 그들의 수모와 희생의 어두운 시절이 있었기에 오늘 우리가 누리고 있는 풍요, 그것은 그저 주어진 것이 아니다. 필설로 다할 수 없는 일본의 만행을 후대들에게 어떻게 각인시킬 것인가. 만일 미국의 원폭이 없었다면 우리는 지금 혀 짧은소리에 게다를 신고 있지 않을까?

이제 반세기를 훌쩍 넘어 철옹성 같은 금단의 문이 서서히 열리고 있다. 정전 상태에서 평화 체제로, 남북 경제 협력으로 공동번영의 기치를 내걸고 발걸음 중이다. 다음 대선에서는 훌륭한 지도자가 나와 확실한 물꼬를 뚫어 통일의 지름길을 앞당겼으면 좋겠다. 과거의 치욕적인 역사를 상기하면서 다시는 누구도 넘보지 못할 국력을 키워나갔으면 한다.

그리하여 조국과 민족을 위해 억울하게 산화한 호국영령들을 편히 모셨으면 여한이 없겠다.

환아조령! 나도 그 대열에 끼어 목이 터져라 외치고 싶은 환상에 젖는다.

(2010)

삶은 긴장의 연속

저녁상을 물리려는 순간 문을 박차고 다급한 목소리가 날아든다.

수저를 놓는 둥 마는 둥 동생이 먼저 나가고 나도 따라나섰다. 선창에는 몸을 가누기 힘들 정도로 바람이 거세게 불고 있었다. 내용인즉 우리 어장 관리 뗏목이 옆 어장에 밀려 붙는다는 것이었다. 얼마 전까지만 해도 극심한 가뭄으로 논밭의 곡식이 타들어 가서 민관을 동원하여 물 대기며 기우제를 지내고 애를 태우게 하더니 이제 장마가 시작되는 모양이다. TV에서도 우리나라 이름의 '제비'라는 태풍이 필리핀을 거쳐 중국 내륙으로 북상하고 있는데 그 간접 영향으로 남해안 전역에 폭풍주의보에다 호우주의보를 발령한다고 한다.

해마다 연례행사처럼 겪는 일이지만 6월에 태풍의 내습은 흔한 일이 아니어서 설마 했다. 어장에서 일하면서도 항상 미비점을 점검하고 만반의 준비를 하는 터다. 그러나 막상 급박한 일이었기에 가슴이 두근거렸다. 20관이나 되는 닻을 사방으로 15가락 이상 고정 시켰지만, 지나는 선박이나 바람과 파도에 팽팽하던 닻줄이 헐렁해졌음을 느끼고 있던 터였다. 닻을 너무 팽팽히 조여도 시설물에 피해를 준다. 어느 정도 느슷해야 물결을 잘 타고 여유로워 파도를 견뎌내는 데 능동적이다. 일시적인 바람으로 관리 막사가 가까이 붙었지만, 닻이 끊어진 게 아니고 게다가 이만한 바람으로 어장에는 피해가 없을 거라고, 바람 자는 날 닻을 조이겠다고 안심시키고 돌아왔다.

내 방에는 어장이 훤히 내다보이는 동창이 있다. 집에 와서도 가만히 있질 못하고 소피 마려운 사람처럼 안절부절 밖을 응시하고 서 있다. 전봇대의 전깃줄에서는 거친 휘파람을 연신 토해내고 우-욱 담벼락을 넘나드는 바람은 땡그랑 양재기를 굴린다. 투두둑 소나기도 몰고 와서 방축 안의 물살을 밀어 올리고 앙탈이다. 태풍이 직접 내습하는 게 아닌가 하는 불안한 마음에 조급해진다. 내일 오후쯤 중부지방을 거쳐 동해로 빠져나간다는데 어서 이 밤이 가고 날이 새기를 염원해 보지만, 비바람은 점점 더 거세지기만 할 뿐 좀처럼 수그러들 기미가 없다. 바람도 낯짝이 있지 남서풍으로 얼마간 불다가 북서풍으로 돌아서는 법, 그리고 북동풍으로 이동하는 법, 선창에 몇 번 나가 봤지만 바람은 여전하다.

TV 뉴스는 보는 둥 마는 둥 기상 정보에만 귀를 기울이고 있다. 어느덧 「태조 왕건」도 지나고 주말 명화가 방영되는 동안에도 마음은 콩밭에 있고 신경은 밖을 향해 있다. TV도 마감 시간, 모든 걸 잠시 잊고 마음을 수습하는 길은 책을 보는 게 제격이겠기에 시집이며 수필집을 펼쳐 든다. 내용이야 머릿속에 각인되든 말든 책장만 수없이 넘기고만 있다. 밖은 여전히 폭풍우가 마지막 맹위를 떨치고 있는데 깜빡 전깃불이 나갔다가 들어와 1분쯤 후에 다시 나가더니 깜깜소식이다. 촛불을 켜고 시계를 보니 새벽 3시를 지나고 있다. 옛날 호롱불 밑에서 책을 읽다가 촛불을 만나면 지금의 전깃불 이상으로 환했는데 안경을 써도 갑갑했다. 에라 모르겠다. 눈이나 붙일까. 팔을 베고 눈을 감았다. 이 생각 저 생각 잠이 오지 않는다.

언제나 그러했듯이 태풍 전야는 너무나 파도가 잠잠했다. 그날도 우리는 작은 전마선으로 노를 저었다. 호박 지짐, 소풀 지짐, 고기 지짐 냄새가 온 마을에 진동하고 있을 즈음 갈치 낚시가 잘되었다. 낚시가 수면에 닿기 무섭게 낚시를 물고 바둥거리는 갈치를 쉴 새 없이 주워 올렸다. 뱃장 가득 은빛 물결로 출렁거렸다.

"얘들아, 이제 그만 가자."

나이 많은 사공의 지시대로 닻을 올리고 있었다. 서쪽 하늘가에 시커먼 구름이 발 빠르게 피어오르고 물결도 높아지고 있음이 심상치 않았다. 30분 남짓, 선착장에 배가 닿기도 전에 파도는 덮칠 기세로 달려들고 있었다. 나는 그날 밤, 생전 듣지도 보지도 못한 바람의 위력을 맛보았다. 만조(滿潮)로 물이 불어나고 해일(海溢)까지 겹치고 있었다. 바닷물이 방축을 무너뜨리고 마을 안 깊숙이 밀어붙여 집들을 집어삼켰다. 집채만 한 바위도 굴리고 전마선의 밧줄을 끊어 뭍으로 밀어 올렸다. 방파제 구실을 톡톡히 해내던 선착장도 별수 없었다. 내가 태어나기 전에 다이아몬드형 석축으로 시공된 견고하기 이를 데 없는 것이었지만, 단 한 번 이 바람 앞에서는 무력했다. 고등학교를 졸업하고 처음 맞는 추석 명절을 '사라호 태풍'에 이렇게 반납하고 있었다.

사방이 섬들로 막혀 있어 태풍에는 팔구십 퍼센트 안전지대이고 물흐름이 좋아 적조도 비켜 가는 천혜의 어장 자리이지만 그래도 가끔씩 마음 조아리게 하는 때도 있다. 그러나 바람을 원망만 할 것은 못 된다. 바람이 없다면 바다는 어떻게 숨을 쉴 것인가. 인간이 저지른 바다 밑의 퇴적층은 누가 정화시킬 것인가. 흰 이빨을 드러내고 수없이 밀려오는 파도, 갯가에 하얀 포말로 씻김굿을 하는 것은 탄소동화작용이다. 우리는 오는 바람을 슬기롭게 맞아들이고 또한 슬기롭게 보내야 한다.

그사이 바람 소리도 다소 멎는 것 같다. 졸음이 밀어닥쳐 비몽사몽간인데 반짝 동공을 자극하는 빛 한 줄기에 놀라 눈을 뜨니 전깃불이 들어왔다. 3시 50분이었다. 창밖을 내다봤다. 어장은 그대로이고 전봇대 사이로 동산 위에 유난히도 빛나는 빛 하나 덩그러니 떠 있다. 눈을 비비고 다시 봐도 선명한 빛덩이, 흡사 비행접시인가 착각할 정도였다. 자세히 보니 샛별 아닌가. 나는 선창으로 뛰어나갔다. 먹구름으로 뒤덮였던 하늘 가운데 뭇 별들이 반짝이고 있었다. 반가웠다. 옛날 망망대해에서 강풍을 만나 방향감각을 잃었을 때 저 별을 보고 길을 찾았다지 않는가. 돛배를 타고도 역풍을 거슬러 가는 지혜와 불어오는 바람과 피어오르는 구름 빛깔만 봐도 태풍이 오는지 비가 올 것을 예감했던 선조들의 선견지명이 놀랍다. 바람이

잦은 해에는 까치도 집을 낮게 짓고 해일을 미리 알아채고 바다 강구는 뭍으로 기어오른다는데 지나친 욕심으로 일그러진 인간들의 감성은 무디어져만 가고….

바람은 어느새 북서풍으로 바뀌었고 아직도 출렁이는 물결 따라 싼판 기둥 난간 밑에 주인 잃은 커다란 물통 하나가 뚜껑도 없이 밀려와 춤추고 있다. 이윽고 4시 반, 동녘 하늘이 밝아온다. 변덕스러운 시어머니 심통 같은 날씨, 5시가 가까워지자 하늘의 별들은 스러지고 샛별만이 남아 그 빛을 잃어가고 있다. 먹구름은 바람 따라 북녘 하늘에 걸렸다. 이제는 안심이다. 안도의 긴 한숨, 10년 감수라더니 지난밤은 너무나 길었다. 피곤이 일시에 몰려온다. 짧은 한순간도 지루하게만 느껴지는 그런 심정으로 나도 몰래 잠 속으로 빠져들었다. 이런 일로 늘 긴장감을 늦추지 못하고 조그만 충격에도 신경은 예민해져서 깜짝깜짝 놀라는 때가 더러 있다.

얼마나 지났을까. 무거운 무게의 섬광 한 줄기 얼굴에 뜨겁게 꽂히는 것을 느끼는 순간 반사적으로 몸을 벌떡 일으켜 앉았다. 눈이 시릴 만큼 쏟아붓는 햇살이 동창을 넘어 방 안에 새로운 창 한쪽을 부려 놓았다. 잠깐의 안식은 차라리 보상 없는 호사일까. 간밤의 바람뿐만 아니라 일상은 나를 가만두지 않는다. 그래서 삶은 긴장의 연속이라고 했던가. 유비무환의 삶은 후회도 없다는데 나는 늘 뒷북만 치고 있는 게 아닌가. 지금 이 나이에 생활의 안정을 찾고 산자수려한 자연과 벗하며 유유자적 일상을 누려야 하는데도 나는 늦둥이, 항상 쫓기며 살고 있다. 그러나 세월 따라 열심히 제 갈 길을 가다 보면 멋진 보람도, 높은 가지 위에 까치밥으로 남을 홍시로나 익어갈 것인가.

어느새 나는 어장으로 노를 저어가고 있다.

(2001)

잃어버린 세월

요즘은 도통 잠이 없다. 잠이 없으니 문학 서적을 거듭 읽다가 신문의 구석구석을 뒤적이기 일쑤다. 그 짓도 다 하면, 이 생각 저 생각 갖은 공상도 생긴다. 글이라도 몇 줄 쓰려고 소재를 찾아보아도 감이 잡히지 않으니 허탕만 치고 밤을 새우고 만다.

이럴 때면 으레 한 생각 떨쳐버릴 양으로 아침 6시를 기다려 TV를 켠다. 매일 연속으로 반복되는 생활을 내자는 거꾸로 생활한다고 투덜대고, 혹자는 야행성(올빼미나 박쥐 같은 밤에만 활동하는 동물)이라고 장난기 섞인 어조로 비아냥거리기도 한다.

그러나 어쩌랴, 불을 끄고 누워도 좀처럼 잠이 오지 않고 괴롭기만 하니, 병리 현상이나 노쇠현상인지는 알 수 없으나 신(神)은 왜 이토록 연약한 인간에게 가혹한 형벌을 내리는지 모르겠다. 때문에 담배만 축이 나고 심야 포장마차가 그리워진다. 차라리 밤눈이 밝은 올빼미나 촉각이 발달한 박쥐라면 얼마나 좋으랴. 남들이 활동을 중지하고 안식을 취할 때 비로소 인고의 벽을 넘어 자기들만의 오붓한 세계가 열리는 것을.

근년에 들어 평생에 걸쳐 하지 못할 어리석음을 저지르고 말았으니 나의 생활이 거꾸로 된 느낌을 지워버릴 수가 없다. 생활이 그렇고, 사업이 그렇고, 자신이 그렇고…. 항상 남보다 한 생각 뒤져서 흐느적거리고 있으니 문제 중에 문제임을 자처하는 터다.

혼자만 잘났고, 똑똑하고, 혼자 생각만 옳고, 진실하다고 여겨 왔다. 그러나 세상은 달랐다. 그 물결도 드높았다. 태초에 신이 바라던 진실과 정직만으로는 부족했다. 착하고 바르게, 정직하게 자라라던 학교 교육도, 신속, 정확, 정직만의 슬로건을 내건 사회생활도 헛것이었다.

신은 인간에게 비열하리만치 교묘한 수단으로 이를 이용하여 살아남기를 바라는지도 모른다. 별 보고 달 보고의 진실한 삶이 정착하지 못하고 도덕과 윤리를 앞지르고 있는 자본주의 사회현상이 민주화의 거대한 물결을 타고 거드름을 피우고 있다.

헌정 40년, 각계각층의 우리네 삶을 양심선언의 거울에 비춰보면 어떤 양상으로 나타날까.

5공 시절, 한 사람의 시행착오로 빚어졌던 80년 여름의 그 무시무시했던 살생(?)은 지금도 쉬 잊히지 않는다. 죄 없는 사람을 '숙정'이라는 철퇴를 씌워 감금(?)했던 그 자는 과연 역사가 권력 앞에 다스려질 줄 알았을까. 옛날 왕권으로서도 『집현전』의 기록을 오도할 수는 없었는데.

어두운 밤이 지나고 새날이 열리면 화사한 햇볕에 안개 걷히듯 진실이 드러나는 것을 왜 몰랐을까. 뒤늦게야 잘못을 깨닫고 희생양들의 치유를 서둘렀지만, 그 상처는 요원한 것임을 알아야 하리라.

그 여름 이후 삶의 편린들을 잡으려다가 만신창이가 된 자신. 그래도 용케 붙어 있는 아첨배들, 그네들은 자기 잘난 줄만 알고 있겠지. 내 삶이 철저히 당하고만 살아왔기에 차라리 바보가 되고 싶다.

천국에 들려거든 어린아이가 되라고 했듯이 나처럼 미치지 못하는 생각과 어리석음, 세속이 뱉어낸 추한 찌꺼기만 가득한 육신이 어찌 어린아이의 그 무구한 순수를 닮아갈 수 있을까. 다만 흉내를 낼 수 없다면 어리석은 바보가 되어보는 것이다.

인생의 긴 여정에 티끌로라도 동참하다 보면 남이 거두어 간 뒷자리, 그 허허로운 벌판에 이삭쯤이야 없으랴. 이왕 늦게 시작했으니 밤새워 이삭을 줍다 보면 암울한 하늘에도 어둠 걷히고 새날을 여는 여명의 먼동이 트겠지. 그날을 위해 고이 간직했던 내 작은 소망마저도 비록 때를 타고 구겨졌지만, 수도(修道)하는 마음으로 고이 접어 두고 싶다.

창조주가 필요 외의 피조물은 창조하지 않았다는 말마따나 하잘것없는 것이 혹시, 적재적소를 찾아 쓰일 날이 있을지 누가 알랴. 서툰 일, 서툰 몸짓, 보잘것없는 것도 감추어 두었다가 무심코 꺼내 보면 정겹고 새로워지듯, 지난날의 설익은 추억은 항상 덮어두어 그리움으로 남는 것.

무덥고 지루한 여름이 가고 나면 산뜻한 하늘 펼쳐 보일 가을이리니, 그때에는 속까지 뒤집어 헹궈 내고 구겨진 주름도 펴 보리라. 그동안 잃어버린 세월에도 새살 돋게 하리라.

"생활이 그대를 속일지라도 슬퍼하거나 노하지 말라. 현재는 언제나 슬픈 것, 모든 것은 일순간에 지나간다. 그리고 다시금 그리워진다." 푸시킨의 시구가 언뜻 떠오른다.

그렇다, 모든 것은 순간이다. 순간의 시작과 끝은 엄청난 결과를 낳는다. 로켓의 발사 전과 발사 후, 그것은 순간에서 영원으로 이어진다. 히로시마의 원자폭탄, KAL기 폭파, 이란의 지진 등, 이 사건들의 발생 전후의 결과는 극과 극을 달리한 영원한 갈림길이다. 알고 보면 크고 작은 희비의 엇갈림이나 빈부귀천도 순간뿐, 영원일 수 없다.

이 세상의 모든 잃는 것과 얻는 것이 순간의 일이며, 숙명처럼 타고난 우리의 삶이 한낱 순간에 불과함을 이제야 알 것 같다.

(1990)

그때 그 시절

요즘 깊은 밤 정적을 깨뜨리고 밤마다 '찹쌀 떠-억' 하는 정겨운 소리가 빠지지 않는다.

책을 보거나 깊은 명상에 잠겨 있다가도 그 소리만 나면 사지도 않으면서 멀리 사라지는 여운마저 아쉽게 흘려보내고 있다. 한동안 영영 들리지 않더니 근간에 다시 들리는, 나에게는 정겨운 소리다. 가느다랗게 흘러들어 창틈을 비집고 방안까지 울려 퍼져오면 벌써 밤이 깊었음을 감지하게 한다.

그 당시만 해도(50년대) 찐 망개 잎에다 정성껏 싼 것도 있고 팥고물을 듬뿍 넣어 먹음직스럽기 그지없었다. 더구나 판매 기술도 수준급이어서 히트를 한 적도 있다. 사각 통 두 개를 장대로 가로질러 메고는 '말랑말랑 빠방이야 빵빵 응빵' 하고 가락조로 구성지게 외칠라치면 동네 아이들은 금세 모여들어 긴 행렬을 이루었다. 아이들은 먹지 않아도 웃음을 잃지 않았고, 먹고 싶어 하지도 않고 그저 행렬 대열에 끼는 것만으로 족했다.

간식이라고는 여름철에 아이스께끼와 아이스크림이 고작이었다. 빵집에서는 찐빵에 묽은 단팥죽을 접시 가득 발라 주던 것 외에 거리에 나오면 풀빵과 국화빵이 있었다. 국화빵은 한때 인기가 있었다. 국화꽃 무늬의 조그만 풀빵 종류인데, 우유와 밀가루를 반죽해서 팥고물을 듬뿍 넣어 구운 것이기에 별미였다. 짓궂은 아이들은 급한 나머지 씹지도 않고 꿀꺽 삼켰다가 입안이 헐고 식도(食道)가 불처럼 화끈거려 팔딱팔딱 뛰었다는 웃지 못할 촌극도 빚었었다. 그 당시는 6·25 동란의 후유증으로 식량난이 극심했다. 외국에서 옥수숫가루, 밀가루, 가루우유, 설탕 등을 수입하거나 아니면 원조를 받아왔기에 한때 가루우유가 각종 음식물에 많이 사용되었다.

지금 충무 명물로 꼽히는 김밥도 여객선이 대중교통 수단으로 붐을 이룰 때는 한갓 삶의 수단으로밖에 여겨지지 않았다. 오늘날처럼 도로가 포장되고 육상교통이 발달하기 전에는 충무는 항구 도시로서 각종 여객선이 판을 쳤다. 육상으로 부산까지 6시간 이상 걸리던 것이 해상으로는 4~5시간 정도면 갈 수 있었다. 비포장도로의 차 안에서 덜컹거리며 고통스럽게 가느니보다 배 갑판 위에서 갈매기를 벗하며 오가는 편이 편리하였고 낭만적이었다. 더구나 금양호, 한양호, 복운호, 금성호, 창경호 등의 호객행위도 치열했고, 성포에서 충무까지의 거리는 김밥을 사고파는 기회가 되었었다. 김밥은 지금처럼 간단한 식사 수단으로 좋았고 소주 한 병이면 흥취까지 돋우기에 알맞은 안줏감이 끼어 있다. 모르는 사람도 갑판 위에서 김밥과 소주 한 잔에 지기(知己)가 된다.

요즘은 심야 가까이에 '찹쌀 떠-억' 소리 외에 '김밥 사이소' 하는 소리도 한몫 끼이지만.

방범대원이 모자랐던 당시는 각 동, 반별로 조를 짜서 나무짝 두 개를 '딱딱딱' 두드려 '불조심'을 외쳐대며 도둑을 쫓았던 기억도 생생하다. 내일 아침 '○○신문'을 길게 뽑으며 신문을 팔았던 소리도 지금은 어떤 향수 같은 기억을 더듬게 한다.

남학생들의 맘보, 나팔바지가 한때 물결을 타더니, 발이 편하다 하여 여학생 운동화를 남학생들이 전적으로 신어 본 기억도 난다. 신발가게에서는 여학생 운동화가 품귀 현상까지 빚었으니 그 당시의 열기를 짐작하고 남으리라.

각급 학교에서는 조직화된 예술단체의 기능 없이도 춘·추 소풍 때에 교내 행사로 꼭 전교 백일장대회를 실시 장려하여왔고, 6·25 기념일이나 경축일에는 전 충무 학생들의 예술행사와 대회가 있었다. 11월 3일 학생의 날에는 각종 학생 작품전시회가 대대적으로 열렸으며 여기에서 입상하면 어떤 자부심 같은 것도 곁들여 신이 났다. 충렬사, 세병관, 남망산에서는 화판을 펼치고 스케치에 열을 올리는 학생들로 붐비는가 하면 산정이나 바닷가에서는 시상(詩想)을 떠올리는 문학도들이 낮과 밤을 가리지 않았다. 고등학교 악대부가 성행하여 군악대를 방불케 하였고 권투와 축구팀들이 충무를 빛낸 적도 있다. '천국과 지옥'의 주악이, 여학생들의 무용이 영남예술제(현 개천예술제)에서 일등을 하는 영광과 여고생들의 능숙한 '콩쥐팥쥐'의 연극

공연도 눈에 선하다. 한때 힘자랑의 각종 클럽들이 판을 친 것도 그 특유의 충무 기질이 아닐까?

일제 36년의 쓰라린 압박이 어쩜 그런 꿋꿋한 기질을 낳게 했는지도 모른다. 독재자의 오판이 6·25를 낳게 하고, 강대국들의 농간에 국토가 38선으로 가로막혔다.

가뜩이나 메말랐던 문학도들의 심상에 단비를 흠뻑 적셔 줄 기회는 없었다. 휴전이 되고 긴장이 다소 풀리면서부터 나뭇가지에 물오르듯, 우후죽순으로 예술인들의 심장에 활화산처럼 고동이 맥박쳤던 것이다.

전쟁의 후유증인 양 구슬치기, 땅빼기 놀이, 연 걸쌈대회가 하늘을 수놓았던 일도 잊을 수 없으며, 내만 옹기점 앞이나 해운센터의 쌈판에서도 갯장어가 낚였고, 동충에서는 감성돔, 볼락 등 고급 어종도 낚였던 시절이었는데 지금은 그 유례를 찾을 길 없다.

한 방울의 먹물이 물에 떨어져 희미해져 가듯 엷게엷게 우리들 기억에서 사라지고 있는 것이다.

그러나 달 밝은 밤의 정서는 새로워 지금도 공주섬이 말없이 앉은 자태하며, 남망산, 장좌섬을 끼고 도는 물빛 따라 선창가에서 은파를 맞고 보면 아쉬운 옛날이 새롭기만 하다. 단지 쪽빛 물속에 비친 항구의 불빛이 많아졌다는 것뿐, 그 언덕 그 바닷가의 추억들은 싸늘한 밤의 정적에 조용히 묻혀가고 있다.

충무항이 만년 화병이라면 미륵도는 화병에 꽂힌 꽃이다. 화병과 꽃 사이를 타고 흐르는 물은 은하수인 양 넘쳐흘러 한려수도를 이루고, 미륵산에서 사철 피고 지는 각종 꽃들은 시들 날이 없듯이 충무의 명맥은 면면히 이어오고 있는 것이다.

어디서 또 한 가닥 '찹쌀 떠-억' 하는 정겨운 소리가 두 눈을 초롱이게 한다.

(1984)

악몽의 세월

잊을 만하면 도지는 향수병처럼 세상 무슨 일이든 상대성 원칙에서 우리는 살고 있다. 좋은 일 궂은일이 항상 상존하며 톱니바퀴처럼 돌아가는 세상, 꽃샘추위가 맹위를 떨치더니 어느새 꽃피는 4월이다. 항구와 연해 있는 작은 공원에는 벚꽃이 한창 제철을 만났다. 숨 가쁜 세월 뒤에 평화로운 세월을 구가함인가. 한때 어업 전진기지로 붐볐던 이곳, 굴비처럼 묶여 한가하게 정박하고 있는 어선들을 보면서 가슴 아린 기억 하나 떠올린다.

벌써 수년 전의 일, 정말 피 말리는 순간순간이었다. 2006년 4월 4일 오후, 무정부 상태인 아프리카 소말리아 믈라카해협 공해상에서 우리의 참치잡이 어선 '628 동원호'가 나포됐다는 소식을 접했다. 무장괴한 보트 두 척이 총을 쏘며 접근하여 자기 영해를 침범했다고 조업 중이던 동원호를 강제로 끌고 갔다는 것이다. 당시 승선 인원은 인도네시아인 9명, 중국인 3명, 베트남인 5명, 내국인 8명으로 모두 25명, 그로부터 4일 후인 4월 8일 TV 화면에서는 그동안 적극적인 협상 시도에 성공하여 3~4일이면 풀려날 것이라는 기대에 부풀고 있었다. 그러나 그 후에 번복 발표한 내용은 협상통로를 쉽사리 찾지 못해 전전긍긍한다는 것으로 일축해 버려 한동안 쉬 잊고 지냈다. 풀려난 것인지 아닌지 궁금증을 안은 채….

그런데 뜻밖에도 3개월이 훨씬 지난 어느 날, 불쑥 잊혀가는 기억을 들쑤시고 있다. 협상 막바지에 기자들이 취재하는 과정을 화면을 통해 보여 주었다. 의류며 귀중품 등 일용품은 다 뺏기고 몸과 마음은 망가질 대로 망가져 있었다. 음습한 선저에서 모기와 진드기에 뜯기며 사투를 벌인 참상은 눈물겨웠다. 옆에는 항상 기관총이 포문을 열고 있었다.

최소한의 자존과 자유, 그것은 아예 뒷전으로 밀려나 창살 없는 감옥, 아니 지옥과도 다름없는 고뇌의 생활이었다. 그들은 하루하루가 참담한 회한으로 뇌리를 쳤으리. 자신은 누구이며 누구를 위해 여기까지 왔는지 자문자답도 했음직하다. 물론 자신들의 생계 수단으로 출어했지만 넓게는 국익을 위해 사회와 회사를 위해 봉사한 것이 아닐까? 그렇다면 조국과 사회단체, 선주는 무얼 했는가. 남의 일처럼 늑장 대처한 이유는 무엇인가. 사랑하는 고국과 고향산천, 부모형제, 친지, 벗들을 뒤로하고 수만 리 먼 항해를 감행한 그들의 용기에 찬물을 끼얹었다고나 할까.

그러나 극적인 타결이 임박했단다. 7월 30일 밤 10시 35분 117일 만의 억류생활에서 해방된단다. 그 배로 우리나라로 오면 720마일 4

일간의 일정이 걸리는데 현재 적재하고 있는 기름, 식량은 15일여 분으로 충분하단다. 일각이 여삼추라 기대에 부푼 그들의 심장은 천근만근 요동쳤으리라. 한시바삐 악몽 같았던 그곳을 벗어나고 싶었을 조급한 마음을 짐작하고도 남는다.

그 배로 바로 올 줄 알았는데 소말리아에서 케냐항으로 이동, 건강검진을 받고 귀국 예정이란다. 마음은 급한데 오는 도중 기상 악화로 인도양의 파도 쓰나미가 또 발목을 잡아 밤늦게 출발한단다. 하루 이틀도 아니고 근 4개월여 습기 찬 선저에서 넝마주이 같은 생활로 일관했을 끈기, 이승과 저승의 갈림길에서 헤매었을 그들을 생각하면 같은 민족으로 할 말을 잊는다. 그로부터 한참 후에 귀국했지만, 그간의 갈등과 번뇌 정신적인 피해 보상 문제는 어떻게 되었는지 알 길이 없다. 그들은 육신의 피로와 마음은 망가져도 끓어오르는 분노를 삭이며 성자(聖子) 같은 위용을 보여 주었다. 해결책으로 80만 달러(약 7억)에 협상 됐다는 추론이 있었지만 쉬쉬하며 덮어버렸다. 위험과 긴장 속에서 생활을 건지고 평온 속에서 행복을 찾는다는 말이 실감나는 사건이었다.

천지사방으로 열려있는 바다, 무궁무진한 보물창고, 끝없는 그 바다를 항해함의 부러움이여! 사나이의 굳센 의지와 기질을 험한 바다와 벗하며 익혔고 순풍에 돛 단 듯 순항하는 예지를 배웠을 그들. 그중에 순리를 역행하는 속성이 태초부터 있었으니 그들 또한 그를 방패로 삶의 도구로 삼았으니 어쩌랴. 서로 부딪히며 살아가는 한 단면을 보는 듯하다.

한때 땅이, 물(바다)이 큰소리치던 시절이 있었다. 우리는 그것으로 생활을 기워갔다. 그런데 삶의 여유가 생기면서 이윤 추구에만 정신 팔린 나머지 한반도는 서서히 침식되고 있다. 광활한 옛 고구려 땅도 잃었고 백두산은 장백산으로 바뀌고 있다. 바다도 예외는 아니다. 초대 대통령이 그은 평화선도 지키지 못하고 어업협정으로 좁아진 바다, 풍요를 구가하던 어선도 애물단지가 됐다. 독도, 이어도도 지켜 낼지 의문이다. 우선 눈앞에 펼쳐진 장밋빛 그림에 농·어업도 포기하는 나라, 앞으로 농·수산물, 먹는 식수마저 수입해 먹게 된다면 머-언 후일 어떻게 될까? 지구는 돈다. 달도 차면 기운다는 이치를 한 번쯤 생각할 때다. 갈길 잃은 나그네 신세인 저 어선들은 언제 날개 달고 오대양을 누빌 날이 다시 올까.

악몽의 세월, 숨 막히는 긴장의 순간순간들, 우리는 알게 모르게 생활전선에서 벌어지는 각종 크고 작은 일들에서 가끔은 아찔한 순간을 맞기도 한다. 그들은 지금 무엇을 하고 있는지? 또다시 수만리 먼 이역의 하늘 아래에서 파도와 싸우고 있는지 궁금해진다.

(2006)

귀신 잡는 해병

1950년 6월 25일 04시 30분, 기습 남침한 북한군은 물밀듯이 내려와 6월 28일 서울을 점령하고 한강 철교가 폭파됨으로써 한강 방어선이 무너졌다. 7월 15일에는 한국군 작전 지휘권마저 이양하고 말았다. 20일에는 북한군이 대전까지 진입하고 계속하여 8월 공세로 인하여 미8군 사령관의 낙동강 방어선 철수 명령을 내림으로써 수세에 몰린 전황은 극에 달했다.

겨우 8월 16일에야 경북 왜관 지역에 850톤의 폭탄을 투하, B-29 폭격기 99대가 융단폭격으로 대항했으나 전세는 이미 기울어져 있었다. 북한 인민군은 진로를 세 방향으로 나누어 서쪽으로 호남 일대를 휩쓸어 진주, 마산에 이르고 일부는 경부선을 따라 대구 방향으로 향하고 나머지는 울산, 영덕을 거쳐 포항에까지 육박하였다.

이에 한국군 작전권을 인수한 유엔군 총사령관 '맥아더 장군'은 명령 계통을 통일하고 참전국을 총동원하여 낙동강 전선의 방위망을 구축하고 반격을 위한 전열을 가다듬는다. 부산을 목표로 하는 북한 공산군에 3일 동안 강력하게 대응하여 60여 리를 진격, 하동지구를 탈환하고 포항에 진군한 적도 격퇴시켰다. 그러나 4개 사단의 대병력의 인해전술로 인해 정부는 급기야 대구에서 부산까지 후퇴하고 말았다. 그 여세를 몰아 북한군은 고성을 거쳐 8월 16일에 통영에 침입하여 8월 17일 새벽 1시에는 통영시가지를 완전히 장악하게 된다.

이때 손원일 해군참모총장은 진해에서 대기하고 있던 김성은 부대에게 8월 16일 작전명령을 내려 드디어 8월 17일 해병대 통영상륙작전이 전개되었다. 먼저 전함으로 진해에서 거제 서안으로 항진하여 통영반도 동북방 1㎞ 지점인 지도(紙島) 동쪽 기슭에 닻을 내렸다. 정찰대의 적의 탐색 보고를 받은 김성은 중령과 해군통제부 백남표 소령은 함상에서 각 지휘관들과 작전회의를 한 후 결론을 내린다. 호랑이를 잡으려면 호랑이굴로 직접 뛰어들어야 하듯이 상부의 작전명령인 거제도의 긴 해안선을 수비하느니 함정지원을 받으며 통영에 기습 상륙하는 것이 낫겠다는 결론에 이른다.

먼저 비행장의 T-6 비행부대장 신수협 소령을 방문하여 김성은 부대의 작전에 항공 지원을 요청한다. 그리고 동해안에서 PC-703호의 함장 이성호 중령과 회동한 김성은 중령은 통영상륙작전의 기본계획을 재확인하고 FS 평택호의 무선으로 해군본부에 작전명령 변경을 요청한다. "적은 병력으로 긴 해안선을 수비하는 소극책보다는 해상을 초계 중인 여러 함정의 지원을 받으며 용남면 장평리를 기습 상륙하여 망일봉을 선점하고 일부는 원문고개로 진출, 적의 퇴로를 차단하고 총공격을 감행하면 적을 독 안에 든 쥐처럼 때려잡을 수 있을 것"이라 진언한다. 그러나 그에 대한 회신은 "통영에 침입한 적은 공군에 의해 폭격케 할 것이니 명령대로 거제도에 상륙하라"며 받아들여지지 않았다. 그럼에도 거듭 재삼 끈질기게 요청함으로써 결국 작전 변경을 승인하면서 육해공의 통합 지휘권까지 부여받는다. 당시 해군본부 작전국장은 이용운 대령이었다.

이에 비행기의 집중 폭격과 해군 전함의 함포 사격에 힘입어 망일봉과 원문고개를 지키면서 적을 완전히 소탕하기에 이른다. 이 작전은 오직 탁월한 김성은 중령의 결단으로 이루어졌다. 이것은 한국군만으로 수행한 최고의 입체적인 상륙작전으로 평가되며, 인천상륙작전의 교두보 역할을 한 것이어서 의미 깊다 하겠다. 우리는 그를 높이 평가하고 자랑으로 삼아야 할 것이다. 이의 취재를 위해 원문고개 해병대 진지를 방문한 외신 기자 「뉴욕 헤럴드 트리뷴」지의 여성 종군기자인 '마가레트 히긴스'는 이 작전의 성공을 보도한 기사에서 한국 해병의 감투 정신을 두고 '귀신이라도 잡겠다'고 했다.

이후부터 '귀신 잡는 해병'이란 별칭이 얻어졌으며 김성은 부대 전 장병은 1계급 특진의 영예(榮譽)와 국방부 장관의 부대 표창도 받았다. 더불어 통영은 온전했으며 이의 진실을 우리 통영 시민은 얼마나 진지하게 알고 있는지 궁금하다.

늦게나마 다시 한번 되새겨 보는 것도 중요하려니와 해병과의 소중한 인연도 잊지 말았으면 하는 바람으로 적었으며 마음에 새긴다.

*이 원고는 통영시 자료집에서 발췌하였음을 밝힌다.

환향녀(還鄕女)

어찌 된 영문인지 마을 전체가 텅 비어 있다. 사람들은 다 피신을 하고 호랑이 할머니와 막내 고모님의 실랑이가 열을 올리고 있다.

같이 피난 가자고 조르는 고모에게 "나는 죽어도 집에서 죽을란다. 살만치 살았은께 너희들이나 빨리 피해라" 하고 성화다.

1945년 2차 세계대전이 끝나 가는 막바지였다. 밭에는 옥수숫대가 키로 자랐고 아직 더위를 느낄 만한 계절은 아니었다. 당시 열악한 통신망으로 어떻게 전달되었는지 모르지만, 마을 사람들은 한 사람도 남지 않고 마을 뒷등 토굴로 숨어들었다. 그때 여섯 살인 나는 나보다 열 살 많은 막내 고모 등에 업혀 마을의 공동우물을 지나 마지막 집의 옆구리를 막 벗어나려 할 때였다. 미군 정찰기가 건넛마을을 돌아서 우리 마을 쪽으로 기수를 돌리고 있다고 느끼는 순간 '타타타' 기관총 소리에 놀라 엉겁결에 그 집 뒤 옥수수밭에 얼른 몸을 숨겼다. 생전 처음 당하는 세상일에 나의 순수는 혼란을 거듭

했다. 간혹 서당에서 흘러나오는 혀 짧은소리와 마을 뒷산에 종을 매달아 놓고 비행기가 나타나면 '히꼬오기 도스께끼' 같은 소리는 자주 들어 왔어도 이번 일은 예외였다.

'2차 세계대전은 1937년 중일전쟁을 기점으로 독일, 이탈리아, 일본을 중심으로 한 추축국(樞軸國)과 미국, 소련, 영국, 프랑스, 중국 등을 중심으로 한 연합국 사이의 세계 규모의 전쟁이었다. 연합국, 동맹국, 중립국 등 63개 참전국에서 사망자 약 2,200만 명과 부상자 약 3,400만 명을 냈다. 지금까지 인류 역사상 가장 많은 인명과 재산 피해를 낳은 전쟁이었다.

특히 1941년부터 1945년 사이 나치 독일의 소련 공격과 일본의 진주만 공격을 계기로 발발한 태평양전쟁의 마지막 발악이 도를 넘어섰다.'고 전한다. 이 시기에 일본군은 육탄전으로 일본 천황에게 충성을 맹세함으로써 아까운 생명을 초개같이 버렸다. 또한, 그들은 식민지화를 노렸던 우리나라의 청장년들까지 전쟁의 총알받이로 희생시켰다. 일부는 군수물자 노역 현장에서, 더러는 광산 인부로 보상 없는 노동력을 착취당했다. 이때 우리의 꽃다운 처녀들은 잘 먹여 주고 취직시켜 준다는 말에 현혹되어 끌려갔다. 나중에 알고 보니 종군위안부 즉 일본군 성 노예였던 것이다.

1945년 일본이 히로시마와 나가사키에 원자폭탄 한 방씩 맞고 무조건 항복함으로써 이 전쟁은 연합국의 승리로 끝났다. 이리하여 속박에서 벗어나 8·15광복을 맞은 우리나라는 태극기 깃발의 물결과 만세 소리로 들끓었지만, 막상 고향으로 돌아온 위안부는 어느 누구

하나 좋은 눈길을 주지 않았다. 그들은 인간으로서 최소한의 자존과 삶의 가치를 상실한 만신창이가 이미 되어 있었다.

환향녀(還鄕女)! 글자 그대로 고향에 돌아온 여자인데 따뜻하게 환영을 해줘도 시원찮은데 천하게만 여겼다. 심지어 남과 다툴 때 심한 욕지거리가 오고 갈 때도 화냥년이라고 하며 홀대했다. 그들의 죄라면 약소국에서 태어나고 시대를 잘못 타고 난 것뿐. 그 외엔 아무것도 없다.

걸림 없이 잘살고 있는 우리도 그 시대 배경에 처했다면 예외일 수 없었을 것이다. 그런데도 양심 없는 전범국 일본은 적반하장으로 매춘행위였다고 주장하고 국내 지식인까지 이에 동조하고 있는 것을 보면서 분노를 금치 못한다.

이미 반세기를 훌쩍 넘어 한 세기를 다 채워 가고 있건만 국가 차원의 보상문제도 해결 못하고 이를 도와준다고 나선 단체는 오히려 이용만 하여 자기들 잇속만 챙겼다. 곪아 터지나 싶었는데 이것마저 미봉책으로 포장해 버렸다. 전쟁은 이렇게 아무 명분 없이 인류에게 크나큰 상처만 남긴다.

화약을 만든 노벨은 살생을 위한 전쟁 무기로까지 발전될 줄은 차마 몰랐을 것이다. 그래서 전 인류에게 속죄하는 뜻으로 노벨상을 만들었다. 그러나 그 이후 크고 작은 전쟁은 끊임없이 이어지고 있다.

나는 가끔 엉뚱한 질문을 허공에 날리곤 한다. 전쟁은 왜 일어나고 인간을 함부로 죽이는 세상이 되었을까? 지구촌은 또 왜 나름대로 사방팔방 금 그어 놓고 네 땅, 내 땅 땅뺏기 놀이를 하는 걸까?

인간의 사악한 마음의 끝은 어디까지가 한계일까? 저마다의 이기심의 발로에서 전쟁을 일으키지만, 인간의 지혜로움은 왜 이를 극복하지 못할까? 더불어 살아가고 있다는 진리의 참뜻을 잊었을까?

생각을 바꿔보면 자연은 참 경이롭기까지 하다. 전쟁의 폭탄과 화염으로 망가질 대로 망가진 것도 세월 지나 어느 순간 본래대로 새살 돋는다. 그 속에서 우리가 살아가고 삼라만상이 함께 한다. 모든 삶의 원천이 거기에 있다. 우리 인간의 심성도 이를 닮았으면 싶다.

이미 우리는 선진국 문턱에 와 있다. 국제기구를 통해서나 유니세프 같은 단체를 통해서 낙후된 세계 빈민을 돕고 있다.

환향녀! 이들은 누구보다 더 가깝게 피를 나눈 형제 아닌가? 이제는 국가와 민족이 이들을 따뜻하게 보듬어 주고 보살펴 줘야 한다.

전쟁 없는 세상, 이렇게 거창한 대명제 앞에 나는 항상 바보가 된다. 전쟁 때문에 희생된 환향녀, 그들을 생각하면서 나만의 미치지 못하는 사고(思考)가 그렇다는 것이다.

진실의 실종

하루가 다르게 급변하는 현실에 우리는 살고 있다. 태어나면서 부터 할아버지, 할머니에게서 귀염을 독차지하며 순수를 익혔으며 부모의 보살핌 속에서 항상 바른 것만 배워 왔다. 성장기 과정에서, 학교에서 진실, 정직을 배웠으며 사회에 진출하여서도 근면, 성실, 신속, 정확을 강요당하며 살아왔다.

그러나 이것이 헛것임을 한참 뒤에야 알게 됐다. 이를 지키며 실천함은 바보짓이요, 햇빛도 보지 못한다. 오히려 역이용하여 떳떳이 살아남은 사람들이 대접받는 세상이 된 지는 고래로부터 이어지고 있고 또 그렇게 인간의 생멸(生滅)이 다할 때까지 계속될 것이다.

누구는 살아남기 위한 수단, 지략(智略)이라 항변할지도 모른다. 역사 이래로 이를 고수하고 정의롭고 순리대로 살아온 사람들을 입으로만 추앙하고 존중하면서도 분수를 넘어서서 그릇된 길로 빠져들고 있다.

새 인생의 출발점인 결혼식의 혼인 서약에서 "신랑 신부는 어떠한 고난과 역경이 닥칠지라도 서로 사랑하고 존경하며 검은 머리 파뿌리 될 때까지 생사고락을 같이할 것을 맹세하는가? 남편은 아내를 내 몸같이 사랑하고 아내는 남편을 하늘같이 존중하며…" 이 맹세가 과연 얼마나 지켜지는 것을 보았는가.

국가 민족을 대표하는 대통령 취임 선서는 "나는 조국과 민족의 번영을 위하여 몸과 마음을 바쳐 최선을 다할 것을 국민 앞에 엄숙히 선서한다."라고 했는데 이것 역시나 얼마나 지켜져 왔는가.

정치인들의 헛공약은 말할 것도 없고 법관인 판·검사나 의료 행위자인 의사, 언론인들의 양심은 제대로 행해지고 있는가.

선거철만 되면 평소에도 잘 알지 못하는 일반 서민들, 아니 최말단 낙오 인생에까지 굽실거리며 득표 활동을 하고 선거가 끝나고 나면 언제 그랬냐는 듯 독사 대가리처럼 목에 힘주는 철새 정치인들, 당리당략에만 혈안이 된 편싸움은 옛 패권주의자들의 당파 싸움의 속성을 그대로 본받고 있다.

정부에서 권장하는 작물을 심었다가 실의에 찬 농민이나, 잡는 어업에서 기르는 어업으로 전향하라는 가두리 축양장 역시 허가 남발에다 과잉 생산으로 똥값이 되어 생산자는 설 자리가 없고 중간 중개업자만 배를 불리고 있어도 정부에서는 대책이 없다.

대안을 내놨으면 후일의 유통구조까지도 정부가 책임져야 되지 않겠는가, 이러한 정책 부재의 현실을 방관만 하는 입안자들, 이는 실로 직무 태만이며, 농·어민을 배신한 간접 살인죄에 해당하지 않을까?

어제의 정책 부재 현실이 산아제한에서 저출산, 출산 장려에까지 이르고, 여권(女權) 신장 운동에서 파생된 호주제 폐지로 전통 혈통까지 포기해 버리는 세상으로 변했다. 하기야 다문화 국가로 변해가는 과정에서 보면 단일민족이니 백의민족이니 동방예의지국의 유교문화는 옛말이 됐다.

공직사회나 근로자들도 일부를 제외하고는 자기 잇속만 챙기는 월급쟁이로 전락하고 학교는 관청화, 교사는 관료화됐다고 하는 세상이고 보면 할 말이 없어진다. 학원에서 배우고 학교는 복습기관에 불과할 따름인가.

각종 신축 시설의 공사금의 10퍼센트를 상납하고 하청 받은 공사가 부실 공사로 이어져 오고 있는 현실이 '와우아파트' 사건과 맞물려 정경유착의 고리가 쉬 끊어지지 않고 있다. 우리 고장의 해저터널은 내가 태어나기도 전에 일본인들의 공사였는데 아직도 끄떡없다. 지금 거가대교의 공사가 완공 단계에 이르렀는데 후일이 걱정 안 될 수 없다. 정의사회 구현은 한낱 구호에만 그칠 뿐인가.

사람답게 살고 제대로 사회진출을 꾀하려면 금전이 필수인 세상, 어느 한 가진들 돈 없이 이뤄지는 게 있던가. 위로는 정치자금 없이 당선되는 정치인이 없고 아래로 말단 법인체의 이사직이나 작은 단체의 간부 자리까지도 마찬가지다.

종합해보면 현실 사회는 기독교에서 말하는 사탄의 세계요, 나사가 풀린 것이 아니라 나사 이빨을 넘어선 세상에 살고 있다. 오랜 관행으로 진실이 거짓에 짓눌려 실종된 사회, 이것을 완전히 바로 잡을 수는 절대 없다. 하늘과 땅이 한데 붙어 천지개벽이 있은 후 새로운 세상이 열리면 몰라도…. 그때에는 아담과 이브도 하나님께 선악과를 반납하게 될 일이 생길지도 모른다.

옛날 그때가 다시금 그리워지는 순간이다. 배고픔을 이겨내고 품위를 잃지 않았던 선비정신과 다양한 예절문화가 삶에 생기를 더해주고 담 넘어 인정이 오가고 대문이 없던 시골 정경, 상하 구별이 분명하여 질서와 윤리, 도덕이 살아 숨 쉬었던 그 옛날, 정녕 실종된 진실의 회복은 요원하기만 한가?

(2009)

2

변해야 산다

일회용품 유감

일회용품이 지천이다. 커피를 한잔하거나 물 한잔하고 버려지는 종이컵, 빨대, 물병(페트병), 시장에서 물건 살 때 제공되는 비닐봉지나 포장지 그리고 우리가 쓰고 버리는 휴지 등 처리 문제가 심각하다.

길거리 자투리 공간이나 휴게소에 가 보면 어김없이 종이컵, 페트병, 우유팩들이 널브러져 있다. 등산을 하다 보면 숲속 곳곳에 음료병, 깡통, 물병, 낡은 신문지, 술병 같은 쓰레기들이 비일비재하고, 바다에 나가 봐도 어장 스티로폼 잔해와 온갖 부유물들이 난무하고 있다. 사방팔방 어디를 가 봐도 쓰레기와 버리는 것들이 넘쳐나고 있음은 마찬가지다. 그런가 하면 헌옷 수집함 부근에는 멀쩡한 옷가지며 이불, 신발 등도 일회용처럼 버려지고 있다. 그뿐인가 이사철에는 멀쩡한 싱크대, 침대, 서랍장, 가구들도 심심찮게 거리 곳곳에서 보인다. 언제부터인가 모든 물건이 조금 쓰다가 싫증 나면 일회용처럼 버려지는 것이 예사로 돼버렸다.

몇 개월 전 일이다. 소방관 두 명이 방문해 소화기 한 대와 화재경보기를 설치해 주고 갔다. 아파트가 아닌 단독주택이어서 필요하겠기에 소화기는 구석진 곳에 두고 화재경보기는 부엌 싱크대와 가스레인지가 있는 천장에 부착했다. 그럭저럭 잊고 지낸 세월, 어느 날 아침 내자가 경보기에서 이상한 소리가 난다고 한다. 나는 무엇이 잘못되었기에 화재경보기가 울리나 싶어 자세히 들어보니 "삐삐 건전지를 교체하세요"라고 2분마다 떠들어 댄다. 시끄러워 견딜 수가 없어 돌려서 떼어 봤다. 일반 건전지 같으면 직접 교체할 수 있는데 납땜으로 되어 있고 규격에도 맞지 않는 조그만 것이었다.

119에 신고하여 설치해 준 소방서를 찾았다. 관할 소방서 전화번호까지 확인한 김에 전화한 용건을 이야기했더니, 주소지를 찾아 다시 설치해 주겠다고 했는데 감감무소식이었다. 다시 전화해서 시끄러워 못 살겠으니 빨리 교체해 주던지 가져가라고 했더니 버려도 된다면서 언젠가 방문하겠다고만 했다. 그래도 손때 한 번 묻히지 않은 것이기에 버리기 아까웠다. 신문지에 곱게 싸서 화장실 옆에 창고 겸 쓰고 있는 구석진 방에 두었다. 건전지 수명이 아직까지 남았는지, 화장실에 갈 때마다 이놈이 소리를 낸다. 그대로 두었다면 2분마다 시끄러운 소리 때문에 노이로제에 걸릴 뻔했잖은가. 그 귀한 제품도 국민의 세금으로 만들었을 것인데 같은 값이면 납땜하지 말고 건전지로도 사용할 수 있게 만들었다면 건전지를 교환해 가면서 오래도록 쓸 수 있었을 텐데 하는 아쉬움이 남는다.

일회용품도 재활용할 수 있도록 분리배출을 잘해서 거듭 태어난다면 꼭 필요한 쓰임새에 안착하지 않겠는가.

세월 따라 시대의 변함인가. 한 번뿐인 인간의 목숨도 어찌 보면 일회용이지만, 싫증 난 물건처럼 수명이 다하기 전에 쉽게 버리는 세상이니 할 말이 없다.

화투(花鬪)

화투는 동서고금을 막론하고 놀이 기구 중에서 최고의 걸작이다. 작자와 연대는 미상이나 국적은 일본임이 틀림없을 성싶다.

화투가 만약 인류사회에 미치는 영향이 공(功)과 복(福) 중에서 공이 커서 노벨상을 수상하게 되었다면 경제귀신 일본이 특허권을 독점해서 우리 같은 사람은 화투 한번 만져 보기가 어려웠을 게다. 언제 어떤 경로로 해서 우리나라에 깊숙이 뿌리 박혔는지는 몰라도 그 간사한 일본인이 요술과 화신(花神)을 동시에 넣어 만들었기 때문에 인간의 흥망성쇠와 희비애락을 다 보는 듯하여 솔(松)에서부터 비(枇)에 이르기까지 어느 한 장 행신(幸神)과 마신(魔神)이 들어있지 않는 것이 없다.

그 놀이도 다양해서 민화투, 육백, 섯다, 짓고땅, 도리짓고땅, 쪼이, 삼봉, 바사리 등. 그중에서도 최근에는 각종 투기 붐을 타고 고스톱이 생기더니 오공비리니 뭐니 하는 기상천외한 이름도 탄생한다

하니 가관이다. 이 고스톱은 또 고도리, 피박, 오광, 삼단 점수 외에 싣고, 폭탄, 흔들기를 이름 지어 시대상에 맞추어 투기를 조장해 놓고 있다.

돌잔치나 생일잔치, 회갑연, 상갓집, 각종 계모임에 이르기까지 화투판이 벌어지지 않으면 이상하리만치 퇴색해 버린 현실을 부정만 하고 있을 것인가. 화투는 처음에 따분한 시간 뒤에 오는 무료함을 달래기 위하여 단순한 놀이 목적으로 만들어졌을 게다. 술 한 잔, 점심 한 그릇, 차 한 잔 내기 등은 이 얼마나 인정 어린 놀이인가. 얻어먹어 기분 좋고 사 주어 흐뭇하고 이긴 편의 장원주는 새로운 정감을 불러일으키기에 알맞다.

세월 따라 화투놀이도 발전을 거듭하여 요즘의 사회상을 대변해 주듯 그 기준도 자못 위험 수위에 도달해 있다. 하룻밤 사이에 집 몇 채, 선박 몇 척, 땅 몇 뙈기가 날개를 달고 날아다니고 암 세포 번지듯 기하급수적으로 우리 마음속 깊이 자리하는 사회악이 될 줄 알았다면 화투를 만들어낸 장본인은 화약을 만들어 자성(自省)한 노벨처럼 인류에게 크게 사과해야 할 것이다.

예부터 우리나라에는 건전한 놀이로 여럿이 즐길 수 있는 아름다운 미풍양속이 많다. 사계(四季)가 뚜렷한 관계로 철마다 그 놀이도 각기 다르다.

오월 단오, 칠월 백중, 팔월 한가위에는 줄다리기, 그네뛰기, 널뛰기, 제기차기, 씨름 등이 있고, 한여름 정자나무 그늘에서는 시원한 쓰르라미의 노래를 들으며 장기나 바둑을 두어 신선이 되어 보고,

가을이 짙어지면 단풍놀이로 시심(詩心)을 키워가며 정처 없이 먼 여행도 떠나 보며, 설날에는 연날리기, 널뛰기 외에 어느 철이나 두루 한몫하는 농악놀이, 윷놀이, 강강술래 등은 천하일품이다.

특히 우리의 농악은 흥과 멋에 이르기까지 놀이 중에서 최고의 예술품이라 해도 과언이 아니라 본다. 기쁠 때나 슬플 때나 항상 쇠소리, 북소리에 시름을 달랬던 우리 민족 고유의 멋이며 자랑이었다. 풍년이면 풍년가를 울렸고 기우제나 풍어제를 지내고 나서도 마지막엔 언제나 놀이마당이 벌어진다. 이때는 남녀노소 빈부 상하가 없이 한데 어우러져 즐긴다.

잘 익은 농주를 통째 들고나와 한 순배씩 돌리고 나면 취기 따라 흥이 돌고 느릿느릿한 가락이 흐르다가 모닥불 번지듯 점점 고조되어 갈 즈음 양반춤이 슬그머니 고개를 내밀기 시작한다. 한 순배 한 순배 술잔이 오가면서 농악이 화롯불에 콩 튀듯 절정에 달하면 법고춤, 문둥춤, 곱배춤, 엉덩춤 등… 감추었던 장기가 한 덩어리로 승화하는 것이다.

이러한 명절이나 농사철 외에도 하릴없는 날은 간혹 사랑방에 모여 화투를 즐기거나 옛 얘기로 시간을 보냈어도 요즘처럼 화투에 미친 중환자는 없었다.

내가 화투를 알게 된 것은 30여 년 전쯤으로 기억된다. 저녁에 모여 앉으면 군밥이나 해 먹든지 옥수수, 고구마 서리를 하는 게 고작이었는데 어쩌다 닭서리를 하다 들켜도 귀엽게 용서받았으며 들킨 일은 거듭하지는 않았다. 요즘이야 담 밖에 뻗은 풋감 하나 따도 범죄로 단정 짓는 세상이고 청소년 또한 무절제한 범죄를 일삼지만.

하여튼 그런 뒤에는 으레 화투판이 벌어지는데 보통 민화투로 과자나 사탕 내기가 주종이고 간혹 섯다판이 벌어지는 날엔 밤을 새우기 마련이다. 스물을 갓 넘은 나이라 수입원이 있을 수 없고 어머님한테 겨우 타 낸 파랑새(담배) 한 갑씩을 밑천으로 삼았다. 섯다는 열 명까지 할 수 있다. 비, 오동을 빼고 솔에서 풍까지 각기 두 장씩 스무 장으로 한다. 한 사람에게 배분되는 두 장을 비켜 쪼우는 기분, 뒷장의 그림 윗부분을 단 몇 미리만 봐도 무언지 척 알 수 있다. 일 미리 일 미리 비켜지는 순간마다 방망이질을 하는 가슴, 쭈뼛쭈뼛 머리칼 일어서는 숨 막힘이며 그 아슬아슬한 스릴, 그것은 경험해 보지 않은 사람은 가히 모를 것이다.

한판에 담배 한 개비씩 묻어두고 끗발을 재어, 한 개비 두 개비씩 던져가며 "갔다 갔다"를 세 번까지 정하여 물을 싣고 갑오, 삥, 장사, 땅 등으로 끗발이 높은 사람이 쓸어가는 것이다. 끗발은 미리 정해놓은 각본(문서)에 의해서 결정되며 높은 땅일수록 좋고 보통 갑오나 삥(솔)이 계속 오면 운수 대통한 날이다. 더구나 첫 자가 삥이면 뒷장은 볼 필요도 없다. 삼, 오, 육, 칠 넉 장만 피하면 문서에 드는 6:4의 끗발이기 때문이다. 그러기에 나는 삥자를 제일 좋아한다.

경험이 많은 사람은 상대방의 얼굴 표정만 봐도 끗발을 대충 눈치 챈다. 서툰 사람은 끗발이 높을수록 표정이 굳어지며 긴장감이 감돌고 낮을수록 무표정하고 평범한 얼굴색이지만 프로급은 정반대의 표정으로 상대방의 심리를 역이용한다. 상대의 끗발이 높다 싶으면 얼른 들어가고 별로 신통찮은 표정을 읽을 때는 간담이 커야 한다. 이때는 멍통으로도 승리를 차지한다.

밤새 왔다 갔다 하는 담배 개비는 알이 다 빠지고 빈 종이만 남는 것이 태반이다. 더구나 손때와 땀이 절어 담배 맛은 쓰고 독하다. 판이 파하고 횡재한 사람은 담뱃갑 속을 빼고 담배 개비를 양껏 쑤셔 넣는데 이때 담뱃갑은 승리의 기쁨만큼이나 공기 머금은 복어 배처럼 삼십 개비는 넉넉히 들어찬다. 이것은 또 다음날 밑천으로 고이 간직된다. 담배를 피우지 못하는 사람도 놀이에 끼이기 위하여 담배를 샀던 터라 잃어도 후회는 없었다.

이렇게 내 유년의 일부분은 썰물처럼 쓸려갔지만, 그해 여름 이후 바르게 사는 일도 차츰 침식되어 가고 있는지 모를 일이다. 무덥고 지루한 여름 내내 자기 몸체보다 더 큰 먹이를 나르는 개미를 곁눈으로 흘리어 오다가 결국은 그들에게 먹이를 구걸하는 「이솝 이야기」 속의 그런 베짱이가 되어 가고 있었는지 모른다. 바둑 한 판 두려고 해도 으레 지전(紙錢) 내기가 걸리고 화투판에 따분한 시간을 보내고 싶어도 최소한의 동전이 따르니 서툰 나로서는 일정 시간이 지나면 거액을 벙어리 엿밥 주듯 투전하고 만다.

어느 날 윷놀이 판에 들러봤다가 시퍼런 지전의 물결이 난무하여 짐짓 놀라 나오고부터 어차피 나는 시정(市井)에 든 시골 베짱이에 불과함을 실감했다. 남이야 어찌 되건 말건 편하게만 살려는 세상, 정치가 그렇고 사회가 그렇고 국민성이 그렇고…. 더구나 고삐 풀린 민주화의 거센 물결로 시끌벅적한 요즘은 길 나서기가 두렵다.

어디를 가나 셋만 모이면 예외 없이 고스톱판이 벌어지고 심지어는 전세 사무실을 '가는 것인지 있는 것인지' 애매모호한 'GO, STOP' 전용실로 쓰고 있다니 병(病)치고는 중병이 아닐 수 없다.

내가 잘 아는 K형은 고수의 경지에는 미치지는 못하나 승(勝)보다 패(敗)가 많은 허송세월을 다음 풍월 한 수로 가름했다.

三者會則 開花鬪　삼자회칙 개화투
犬公坐則 湧腎頭　견공좌칙 용신두
枇桐三枚 左右振　비동삼매 좌우진
彼我莫論 顔銅色　피아막론 안동색

셋만 모이면 으레 화투판이 벌어지니/ 개가 앉으면 자지가 까진다는 격이라/ 비·오동 석 장을 흔들어 좌우로 떨치니/ 그 기세에 너나없이 얼굴이 동색이 되더라.

오늘날 이렇게 만연된 병폐를 6~70년대의 새마을운동처럼 단 하나뿐인 새로운 범국민운동으로 승화시키는 길은 없을까?

이 폭염 속 막걸리 사발에 달 하나 띄워 놓고 풍악 놀이로 실컷 신명이나 풀고 싶다.

(1989)

문명과 문화

우리 생활 주변 어디에도 문화예술의 영향이 미치지 않는 곳은 없다. 깨어나 TV를 봐도 배경 음악이나 연속극, 영화, 개그프로 모두가 문화고 예술이다. 천장과 벽, 창문, 방바닥 등도 그렇다. 가구나 생활도구, 빠지지 않고 대하는 밥상 그 위에 놓인 수저나 그릇들 모두가 예술품이다. 장인이 만들어 내는 도자기 목공예 조각품은 물론 의류 신발 탈것들의 자동차 열차 비행기 선박까지도 크게 분류하면 이에 해당된다. 즐겨 마시는 커피잔에서도 한 잔의 술과 안주에서도 문화예술을 접하게 된다. 심지어 신문이나 한 권의 책도 잘 다듬어진 작품이다. 문맥이 끊어지고 잘못 배치된 신문이나 책은 세상에 나올 수도 없고 어긋난 노래 가사로 노래가 될 수 없다.

우리는 이렇게 생활 전면에서 문화예술의 향수를 한껏 누리고 살면서도 느끼지 못하는 듯하다. 차를 타고 고속도로를 한번 달려보라. 쭉 뻗은 도로를 달리다 보면 황금 들녘도 만나고 단풍 든 멋진 풍경도 만난다. 달팽이관처럼 뱅글 도는 고가도로는 시원해서 좋지만 하늘에서 내려다보면 멋진 작품의 하나다. 생활수준이 나아졌다고 해서 잘 먹고 잘사는 것만 대수지 문화예술에 대한 고마움을 모르는 것 자체가 불행한 일이다.

지난 7월, 1박 2일의 예총 역량강화 워크숍으로 목포에 다녀왔다. 거기서 얻은 유익한 정보는 나의 무지와 무관심을 일깨워 주었다. 예부터 자율 자생단체로 치부해 버린 듯한 느낌을 받았지만, 지방의 큼직큼직한 행사에 다 부려먹고 처우 개선이 제로 상태인 것은 어제오늘의 일이 아니다. 최근 예총운영비 삭감법을 국회에서 통과시킨다고 해서 문화예술진흥법 39조만큼은 유보해 달라고 사정했다고 한다. 적반하장(賊反荷杖)도 유분수지 국정 책임자들이 문화융성에 역행하고 있는 건 아닌가. 적극 지원하고 장려해서 문화예술이나 장인들을 떠받들어도 모자랄 판에 오히려 홀대하다니 문화예술이 그저 되는 줄 아는가. 문화와 예술이 없는 세상을 상상이나 해 보았는지. 아니면 의식 수준 미달인지 심히 의심스럽다. 이권 개입에 싸움질이나 하는 꼴을 보면서 미개사회를 보는 듯한 장래의 국운 문제를 놓고 그저 함묵할 뿐이다. 그러나저러나 죽어가는 것을 다시 살리는 재생, 즉 창생(蒼生) 하는 길을 우리도 스스로 찾아보잔다.

예총은 왜 존재하는가, 누구를 위해 있는가, 나의 역할은 무엇인가를 놓고 다각도로 제시한다. 이를 나름대로 정리해 보면 생각이 모이면 꿈이 되어 세상을 바꿀 수 있다. 시민이 참여하는 축제보다 주도하는 축제로 거듭나야 한다. 예술문화의 창조는 미래에 대한 투자이며 도시의 문화란 궁극적으로 생활문화에서 스며 나오는 것. 문화를 생활양식이라고 하는 것은 어떤 일을 발전시키고 밀고 나가는 힘. 즉 동력으로 마음의 밭(心場)이라는 문화를 경작함으로써 발전하는 것이기 때문이라고 한다.(공동체, 공유, 공공, 공익, 공감 등) 또한 당면 문제에 머무를 것이 아니라 관점을 다르게 보기 즉 '우리의 공연은 미래에 있다'란 것을 풀어 보면, 어릴 때부터 시리즈로 찍은 사진이 성장과정을 거쳐 먼 후일 희귀본이 된다면 어릴 때 찍은 500원짜리 사진 가치는 수억, 수십억대가 된다는 것이다.(지금 천경자 화가의 그림처럼), 이렇게 창조 문화예술의 진가는 먼 후일에 나타나는 것, 그 변화 과정을 살펴보면 토지-기술-지식-창조 사회-융합 시대의 환경 변화 인식이 미래 대응의 지름길이라는 것이다.

최근 중국, 일본 등 외국 관광객이 서울을 비롯한 5개 광역시를 누비고 있지만 점차적으로 강릉, 전주, 안동 등으로 흘러들다가 최소 5~10년 후에는 목포, 통영 등으로 몰리게 되어 있다는 것, 이렇게 생활문화는 한곳에 머무는 것이 아니라 시대에 따라 이동한다는 것이다.

빗물이 바위를 뚫고 쥐구멍에도 볕들 날 있듯이 언제쯤 침체된 문화예술에도 서광이 비칠까,

최근 어느 조사 자료에서 사람이 나서 80까지 산다면 일하는 것은 30년이고 잠자는 것은 20년이란다.(하루 6시간) 그리고 양치질 2.5년, 화장실 1.5년, 거울 2년, 차 7년, 기다리는데 3.5년, TV 4.5년, 신문 2년, 웃는데 6.6년(하루 10분) 단편적으로 보면 짧게만 느껴진다.

날로 심각해져 가는 사회악은 정신 결핍에서 오는 것이다. 그 치유책으로는 정신문화를 보다 극대화, 활성화해서 공유하는 것이다. 정부 기구에도 문화부가 있고 일선 시, 군에도 문화예술과가 있다. 그러나 전문성이 고갈돼 있는 듯하다. 전문요원을 배치하여 문화예술을 지속적으로 발전시키고 활용해야 하는데도 조금 길들고 알만하면 자리를 옮기는 졸속 행정이 우리를 실망시키고 있다.

문화원의 하는 일이 전통문화의 발굴, 보존, 계승이라면 예총(예술문화단체)은 현대와 미래를 아우르는 문화예술의 창조기구다. 그리고 그것이 먼 후일 전통문화가 되는 것이다. 그런데 문화원은 국비, 도비, 시비(군비) 등으로 어느 정도 정착돼 있는데 현대인이 필수로 누리고 있는 문화예술 창조기구인 예총은 아예 뒷전이다.

문화예술을 모르고 향유하지 못하는 국가 민족은 번영하지 못한다. 인성이 정화되지 않아 거칠고 원만한 교감을 갖지 못한다. 딱딱하고 무미건조한 삶을 살기에 사는 재미와 맛도 없다.

항상 하는 말이고 하고 싶은 말은 과학문명이 제아무리 발달한다해도 문화예술이 뒷받침하지 않으면 안 된다. 문화예술이 문명을 이끌기 때문이다. 그래서 과학문명과 문화예술이 병행해야 균형 있는 시대변화를 이룩하여 조화로운 세상을 불러내는 것이다.

(2016)

변해야 산다

세상 참 많이 변했다. 지금도 시시각각으로 변하고 있다. 예년에 비해 갈수록 미세먼지도 심각하고 지구 온난화에 빙하마저 녹아내리고 있어 미래를 예측할 수 없게 되었다. 단 한 번뿐인 귀한 생명을 경시하는 자살, 살인 등 극단적인 대형사고도 이제는 식상한 메뉴 정도로 여기게 된 현실이다. 자연의 섭리를 거스르며 연애, 결혼, 출산을 포기하는 이른바 3포 시대를 주창하는 젊은 세대들의 종족 보존 기피현상이 인구 감소를 유발하여 나라의 존망도 위태롭게 하고 있다. 7080세대는 깜짝깜짝 놀랄 이런 일들이 요즘은 눈 하나 깜짝 안 하는 세상이 됐다.

과학문명의 발달로 생활은 편리해졌으나 갈수록 위협 또한 커진다. 바둑대결의 알파고뿐만 아니라 IT기술이 인간지능을 능가하는 세상이어서 인간의 이기가 자칫 파멸을 불러일으킬 부메랑으로 되돌아오지나 않을지 심히 걱정된다.

지구에서 쏘아 올린 우주 쓰레기는 어떻게 처리할 것이며 세계 각국이 보유하고 있는 첨단핵무기와 살상무기는 또 어찌하며, 전기자동차가 운전자 없이 달리고 드론이 정찰 임무와 물품 배달까지 하고 로봇이 일을 대신해 주면 우리가 할 일은 무엇인가? 더욱 발전하여 그 기기들이 인간을 지배하고 살상까지 전담하게 된다면 과연 어떤 세상이 될까? 이렇게 나열하다 보니 필자도 아찔하여진다. 인간의 두뇌는 어디까지가 한계인지 모를 일이다.

바야흐로 삼만 불 시대가 도래했다고 들뜨고 있다. 의식 수준은 답보상태에 머물러 있으면서 마음만 앞서가는 기현상이 실망스럽다. 정치, 경제, 사회, 교육도 후퇴만 하고 있어 선진화로 가는 길은 요원할 뿐임에도 위정자들은 장밋빛 청사진을 펼쳐 보이며 선동하고 있다. 자녀 사랑이 지나친 가정교육이 인성을 망쳐놨고 또한 학교, 사회 교육현장까지 영향을 미치게 만든 원인이 되었다. 언론은 언론대로 정론 직필이라는 사명감을 망각한 지 오래고 텔레비전에서도 새로운 정보나 국민을 선도하는 계몽 차원의 프로그램 개발이 우선이어야 하는데 채널은 많아졌지만 실효성 있는 것이 별로 없다. 인기 연속극이나 사극도 옛날 것의 재탕 삼탕이 보통이고 개그나 일반 프로그램도 귀감이 될 만한 것이 없다. 그저 놀고먹고 즐기는 가정사가 판을 치고 보험 상품이나 각종 선전 매체들 일색이다.

집에 앉아 모든 물품을 구매할 수 있는 편리함을 얻었지만, 과대 광고 뒤에 숨은 품질 문제가 걱정이다. 값싼 중국산이나 후진국의 저렴한 상품을 구매충동을 자극하여 국산품인 것처럼 고가에 판매하는 파렴치한이 있어 실망을 안겨주고 있다.

특히 의약품이나 식자재로 기만하는 것은 살인 행위에 해당한다고 보면 어떨지? 주로 인기 연예인이나 미모의 모델들이 광고에 등장하는데 이들은 그 선전상품에 대한 품질을 보장할 수 있는 검증은 거쳤는지, 아니면 거액의 출연료에만 매료되었는지 궁금해진다. 인기만치나 품질의 기대 효과가 확실해야 하는데 광고에 속고 품질에 속는다면 불신으로 이어져 신뢰를 구축하기 어렵게 된다. 속고 속이는 것, 그것이 못 살았던 과거 삶의 도구로 이용되었다면 이제는 변해야 한다. 하루가 다르게 세상이 변해가듯 우리도 기본 양심을 되찾아 본성을 회복해야만 한다.

정의사회 구현, 진실, 정직, 정확, 근면, 성실, 어디서 많이 보아 온 글귀들 아닌가. 한때 권력이 이를 이용해 서민들을 울렸지만, 지금은 제자리에 갖다 놓을 때다.

21세기 내에 반드시 우리의 국권을 만방에 알릴 평화통일을 이룩하여 반석 위에 올려놓아야 한다. 곪을 대로 곪은 관행들은 과감히 도려내고 새로운 이정표를 세워야 할 때다. 강대국들의 농간에 대처할 국력도 키워야 하고 생활의 기본인 질서와 윤리도덕을 되찾아야 한다. 아울러 유명 외국인이 붙여 준 '동방의 등불'이란 명성도 다시 찾자. 변하자 변해야 산다.

역사 논쟁

지금 정치판에서는 역사 교과서 국정화 문제가 뜨거운 감자로 부각되어 시끄럽다. 2003년부터 근현대사가 검정으로 전환됐다는데 국정교과서 논란이 불거지고 언론매체를 통해 알게 된 사실은 실로 상상도 못할 충격 그 이상이었다.

대한민국에 살면서 온갖 풍요와 자유를 누리면서 태어나선 안 될 나라인 것처럼 가르치고 있다는 것이다. 학생들은 초대 이승만 건국대통령을 분단 책임자와 독재자라 하여 김일성, 김정일, 이완용보다 더 나쁜 사람으로 평가했다고 한다. 또 박정희 경제 대통령을 친일파, 유신독재자라 규정하고 일찍 암살했으면 박근혜가 태어나지도 않았을 것이라고 혹평을 하고 있다는 것이다. 이는 좌파성향의 학자들이 대거 필진으로 참여하면서 각급 학교 역사교육은 반(反)대한민국 정서를 심는 온상이 되고 말았다고 언론은 말하고 있다.

역대 대통령 중에서 가장 공과가 뚜렷한 두 분을 까발리고 비하하는 것은 붉은 물이 깊게 배었다는 증거이다. 식민지에서 겨우 벗어나 우리나라는 해방을 맞았지만 강대국들의 농간 속에 이념 갈등으로 또 혼란을 겪어야만 했다. 신탁통치 반대에다 김구 선생이 남과 북을 오르내리고 온갖 수단을 동원하여 통일 조국을 건설하고자 노력했어도 실패하고 말았다. 스탈린의 지령을 받은 길일성은 북한만의 정부를 먼저 구성하였고 남한은 할 수 없이 남한 정부를 수립했는데 분단 책임이 누구에게 있단 말인가? 일제에 항거한 임시정부의 활약상, 그리고 대북·대미 관계의 성과에 대해서도 상세히 알아야 할 것이다.

정부기관이 안정되기도 전에 철저히 준비해온 북한의 1950년 6·25의 기습 남침은 부산까지 삽시간에 밀고 내려와 부산을 임시수도로 정하기도 했다. 만일 유엔군이 없었다면 공산화되었을 것이다. 이런데도 북침으로 알고 있는 학생들이 있다니 한심하다. 친일문제도 잘 분석해 보면 동시대에 살았던 사람들 친일 아닌 사람은 없다. 그러니 우리도 친일 후예들인 것이다. 독재자, 장기집권도 상황에 따라 달라진다. 참모들의 이기주의에 눈과 귀를 가린 채 장기화된 것은 문제이지만 건국에서 경제성장까지의 기간은 결코 긴 것이 아니었다. 지금의 5년 단임제로는 도저히 이룩할 수 없는 일이다.

새마을운동과 경제개발 5개년계획을 반복하면서 농어촌을 정비하고 피나는 노력과 지혜로 중화학공업국으로 발전시킨 것을 전 세계가 다 알고 부러워하는데 기아에서 헤어난 돌연변이 엽전들은 배를 두드리며 이를 탓하고 모르고 있으니….

광복 이후 70년이 지나는 동안 이들의 업적을 능가하는 사람은 없었다. 부정부패를 척결하겠다는 사람도, 40년을 준비했다는 사람도 그저 그랬고 오히려 오점만 남기고 나왔다. 큰일을 수행하게 되면 희생도 따르고 부정적인 면도 발생한다. 잘된 일, 잘못된 일의 양면성을 비교 분석하여 폭넓게 알려주는 것이 자율성, 다양성에 맞는 것이다. 자기들 의도와는 다른 교과서는 온갖 협박과 수단과 방법을 가리지 않고 저지했다는 것은 비효율적인 역사 왜곡이다.

좌파성향의 햇볕정책 이후 국가보안법 폐지를 주장해 온 통진당 같은 괴물이 생겨나 막말을 해대고 북한을 핵무장하게 만들지 않았는가. 건국 역사를 부정하는 희망 없는 역사를 배운 학생들은 내일을 기약할 수 없는 젊은이로 전락하여 자살과 생명경시 풍조가 만연하게 되었다고 지적하고 있다. 잘못 전해오는 역사를 바로잡으려는 엘리트 명문대 학생과 전교조, 노조, 심야토론에서까지 사회 일각 일반인들의 반발이 거세다. 도대체 그 이유를 모르겠다.

국정이든 검정이든 잘못된 부분은 반드시 바로잡아야 한다. 그러기 위해서는 다방면의 유능한 학자들을 총동원하여 정확하고 공정하게 다루어야만 한다. 해방 이후 각종 사건들을 몸소 겪은 세대들도 아직 건재하고 북한의 3대 세습 독재체제와 인권유린, 굶주림 등을 경험한 탈북자들의 생생한 증언도 참작해야 한다. 일반 국민과 위정자들의 잘못 각인된 역사 인식도 말끔히 정리되었으면 좋겠다.

한 나라의 역사는 하나여야 한다. 역사는 나라의 얼굴이며 자긍심이다. 이제 일제강점기에 망가진 역사를 탓할 것만 아니라 새로운 역사를 창조해 가는 우리의 저력을 보여줄 때다. 꿈과 희망의 길을 열어 주는 역사, 그 바탕 위에서 한마음으로 뭉칠 때 통일을 앞당기는 지름길이 열릴 것이다.

돌연변이

생성과정에서 본질과 다른 비정상으로 어긋난 것을 돌연변이라 한다. 같은 유전자이면서도 이상하게 변형되어 삐뚤어진 것이나 기본 질서에 반하는 것을 말한다. 식물계에서는 괴목이라 하여 원목보다 더 귀중하게 다룰지 몰라도 이를 인간에게 적용한다면 정상 아닌 비정상으로 치부할 수밖에 없다. 국가 간에도 사이좋게 지내면 좋으련만 자국의 이윤 추구에만 욕심부려 타국의 암적 존재가 되기도 한다.

최근 일본은 우리나라의 중국 열병식 참석을 빗대어 6·25 때 적국인 줄도 모르는 정신 나간 사람들이라 호도하고, 박 대통령을 박 씨 운운하며 명성황후에 견주어 평(욕)했다. 자기들은 청·일, 러·일 전쟁으로 적국이었던 중국, 러시아와 가까이 지내려고 노력하지 않는가? 2차 대전 때 적국인 미국과는 평화 헌법까지 수정하며 가까운 우방임을 과시하면서 남을 흉보는 게 합당한 일인가? 원폭으로 박살 난

침략 근성은 독버섯처럼 되살아나 자위대를 전시에 이용할 군대로 양성하면서 전쟁 준비에 한창인 그들이다. 남중국해를 둘러싸고 독도에도 눈독 들이며 중국 등 주변국의 심사를 건드리고 있다. 미국도 나사를 푼 채 일본과 공조체제에 돌입하는 모양새다. 우리나라와 끈끈한 우방으로 이어져 오고 있는 미국은 중국과의 관계 정상화를 의심하며 우방의 이변론을 들먹인다. 오늘날의 세계 정서는 하루가 다르게 변한다. 적국도 화해하고 교류하면 세계평화를 위한 공동번영의 통로인 우방이 된다.

우리 겨레는 원래 백의민족이다. 동방예의지국으로 지칭 받은 바 있는 위대한 혈통을 지녔기에 의리를 저버리지 못한다. 수많은 외침으로 인해 나쁜 피도 배어들었을지 모른다. 지리학적으로나 인류 이동 발달과정에서 일본은 백제의 후예라 하고 중국도 옛 우리나라 땅이라는 설도 있다. 피부색과 언어와 생활양식이 비슷하고 역사와 문화의 접경지역에 있는 한국, 중국, 일본은 한 벨트에 묶인 공통분모 아닐까, 우리의 말과 글은 세계에서도 으뜸이며 역사와 문화도 타에 뒤지지 않는다. 이런 중추적 위치에 있으면서도 곁가지들에게 위협받고 버림당하고 있다.

같은 피를 나눈 북한은 별종 중 별종이다. 지구상에서 둘도 없는 3대 세습체제에다 독재 공산주의는 폐쇄적이고 인권이 유린된 암흑의 세계다. 혈관 속에 흐르는 그들의 피는 어떤 성분일까. 남북이 나뉘면서 굳게 약속한 협정도 어겨가며 도발을 일삼는 그들, 적국이었던 중국, 러시아도 과거를 씻고 동반자 대열에 함께하는데 남과 북은 물과 기름이다. 비무장지대 지뢰 사건으로 일촉즉발의 사태까지 갔다가 이산가족 상봉으로 이어진 것은 천만다행이다. 이대로 계속 불신을 씻는 대화로 번져 평화통일을 앞당겼으면 좋겠다.

그러나 세상사, 선과 악이 공존하는 상대성 원리는 만고불변의 진리일까. 사상과 이념으로 양분되고 정치는 찬반으로, 경제·사회·교육·문화 등 모든 분야에서 긍정 부정으로 갈라진다. 재산 욕심에 형제도 돌아서고 부모와 조상까지도 거꾸로 앉힌다.

지금 세계는 국가관을 초월하여 다문화 물결을 탔는데… 해도 하나 달도 하나 지구도 하나. 지구상에 그어진 금 다 걷어내고 하나로 뭉칠 순 없을까. 옛 성현들의 삶을 살면 그렇게 될까. 그러나 이것은 나의 기우일 뿐. 이 시간에도 자국의 이권을 위해 보이지 않는 칼날을 세우고 있고 분쟁의 불씨는 끊이지 않는다. 테러 집단이 생기고 생명 경시의 풍조가 만연해 세계평화를 해치고 있다. 차마 필설로 다 하지 못할 만행을 저지르고도 반성할 줄 모르는 일본과 아직도 세계의 흐름에 편승하지 못하는 북한은 특별 독종 돌연변이다.

(2016)

비아지가 처 부린 깨

비아지가 처 부린 깨(배가 처 부르니까).

얼마 전, 어느 막노동판에서 공무원노조 파업현장을 보고 누군가가 내뱉은 말이다. 그들은 젊어 한때 이 일 저 일 다 해보고 좋은 세상 맞아 태평성대를 누렸건만 나이 들어 노동력도, 일자리도 잃은 사람들이다.

문민정부 이전까지만 해도 아시아 네 마리 용 중에서도 으뜸인 우리나라의 지칠 줄 모르는 경제성장 신화를 창출해 낸 산업현장의 역군들이었다. 그 당시 우리 지역의 경우 각종 수산업의 흥행으로 경제 수준이 전국에서도 우위를 점했었다.

그러나 97년 IMF로 인하여 경제 위기를 겪으면서 사정은 달라졌다. 신용거래로 이뤄지던 모든 거래가 현금 결제로 바뀌면서 사업 운영의 묘미까지 잃어 갔다. 수입을 기대할 수 있는 생산 물량이 그물 안에 성장 중에 있는데도 우선 투입되는 경비를 충당할 길이 없어 미리 내다 팔아야 했고 빚을 내어 출어 경비를 마련해야만 했다.

그런데다 인접국과의 잘못된 어업협정으로 조업 구역마저 줄어들어 어선들은 발이 묶여 애물단지가 되고 수산업의 붕괴 현상까지 맞게 되었다.

경제의 주축을 이루었던 양식장은 물론 장어통발, 저인망(고데구리) 어선의 선주, 선장, 선원들도 일자리를 잃어 산업현장의 막노동판에 뛰어드는 안타까운 현실이 되었다. 그들은 별 보고 나서서 별 보고 귀가하는 부지런함을 보이건만 수입은 옛날의 화려했던 기대치에 미치지 못하고 겨우 생활을 이어가는 시한부 인생이 되었다. 경제 불황 탓인지 여기에도 젊은 아르바이트 대학생까지 몰려들어 노익장은 밀려나기 일쑤였다.

직장을 가졌다가 정년을 맞은 사람들은 노후연금으로 생활하지만 그렇지 못한 노약자는 막상 할 일이 없고 일자리도 구하지 못하고 있다. 겨우 공공건물이나 아파트 단지의 경비로 채용되는 경우도 있지만 그것도 결코 쉽지 않다.

날이 갈수록 부익부, 빈익빈 현상의 골은 더 깊어지고 한 끼 밥이 아쉬워 고심하는 사람이 있는가 하면 달러를 물 쓰듯 펑펑 축내는 골빈 정신병자도 있다 하니 정말 요지경 세상이다.

우리나라가 중화학공업국으로 무장하기 전까지만 해도 그들은 1차 산업현장의 주역들이었다. 배고픔을 못 이겨 한 뼘 땅도 손수 늘리고 바다를 일구어 생활 터전을 마련해 갔다. 정부에서 시키는 대로 특용작물이다 뭐다 해서 말 잘 들었지만, 정책 부재로 모두 실패하여 폐농했다. 잡는 어업에서 기르는 어업으로 전환하라 해서 해봤지만 이것 역시 허가 남발로 과잉 생산에다 사료비 상승, 어가 폭락 등으로 폐업이 속출하는 지경에 이르렀다.

최근에는 값싼 중국, 일본 등의 수입 물량에 밀려 어업 현장에도 찬바람만 분다. 구멍가게나 작은 상점들은 재벌들의 대형마트에 눌려 문을 닫아야만 한다. 한때 제주도 감귤이 황금 농작물로 각광을 받다가 과잉 생산으로 천덕꾸러기가 되자 유자 농사로 대체하여 호황을 누렸다. 그러나 이것마저 사양길에 접어들자 상황버섯 재배에 눈을 돌려 한시름 잊었는데 너도나도 하는 바람에 풍전등화 격의 위기를 맞고 있다고 한다. 이래저래 일자리도 없고 생계수단도 없는 일반 서민들이나 달동네 사람들은 숨이 가쁘다.

그러나 젊음을 담보로 산업현장에서, 혹은 공직에서 일하는 사람들은 이러한 민초들의 고충을 알고나 있는지? 그들은 달이 차면 월급에다 각종 수당, 보너스까지 월수입이 기백만 원이 넘는 줄 알고 있다. 먹고 살기에는 충분한 액수인데도 웬만하면 월급이나 수당 인상을 이유로 파업쟁의다 뭐다 하면서 민심을 혼란시키고 있다. 그럴 만한 이유가 있어 그러겠지만 서민들이 보는 현실은 그저 안타까울 뿐이다.

위만 보고 살지 말고 주위와 아래도 한번 살펴보는 삶을 살았으면 좋겠다. 정부에서는 이북도 돕고 국제사회도 돕고 있지만, 등잔 밑이 어둡다고 우리에게 잘 알려지지 않은 소외계층도 폭넓게 배려하는 정책이 아쉽다.

이대로 가다가는 빈부의 골은 헤어날 수 없는 수렁으로 그 무게를 더하고 망국의 길로 접어들지는 않을지 의문이다. 1차산업을 보호, 육성하지 못하여 농수산물이나 식수까지 수입해서 먹게 된다면 가까운 장래 이 나라는 어떻게 될지 불안하기 그지없다.

그러나 우리는 위대한 민족임을 안다. 수없는 외침을 받기만 했어도 꿋꿋이 견디어 왔고 동족상잔의 비극에서도 굴하지 않고 이겨냈다. 경제성장의 신화가 경제 위기로 급변했을 때에도 슬기롭게 헤쳐나갔다. 이런 저력이 있는 민족이기에 국가 민족의 대들보 격인 위정자나 공직자, 그리고 산업현장의 역군들에게 걸어보는 기대는 크다.

내려다보는 하늘이 무서운 줄 알고 아래로는 내가 설 수 있는 땅이 있다는 사실도 알자, 근면, 성실, 정직으로 세상 보는 눈을 바로 뜨자. 자기 위주를 탈피하여 항상 남의 입장에서 무슨 일이든 행하여 보자, 그리고 서로 협력하고 사랑하자.

그리하여 건강한 사회, 안정된 사회생활이 정착된다면 나라와 겨레의 가슴, 가슴에 환한 환희의 살맛나는 꽃이 피어나리. 두 번 다시 모두를 외면한 채 자기 배만 불리다가 국민들로부터 '비아지가 처 부린 깨'라는 말을 듣지 말기를 바란다.

(2006)

요망 사항

늘 자책하고 있는 것처럼 누차 생각해도 관상학적으로 나는 참 인덕이 없는 사람이다. 내가 마음먹은 대로 나의 진실성이 먹혀들지 않고 오히려 훼방을 놓거나 그 반대편에서 나를 소외시키고 괴롭히고 있다. 지난 몇 년 동안 굴욕적인 수모를 참으면서 견뎌 내기란 쉽지 않았다. 나는 아직까지도 철부지 순진무구의 세계에서 벗어나지 못하고 수완이나 수단의 능력도 부리지 못한다. 누가 보면 옹고집으로 치부하여 늘 푼수 없다고 할 것이다. 그러나 이기주의적 명리에 물들지 않고 소외계층의 편에 서서 그들과 허심탄회하게 어울리며 살아가고 있다.

어떤 사람은 목적 달성을 위하여 발이 닳도록 행정에 아부하고 저급한 희열을 맛보는 경우도 있고 또 그것을 자랑으로 여기고 있다. 자긍심이나 줏대 없이 처신하면 어용(御用)으로 통한다는 것도 알았으면 좋으련만 우리 주변에서는 가슴 아픈 일이 이미 한두 가지가 아닐진대 그냥 묵언으로 지켜볼 뿐이다.

'원수를 사랑하라'는 성경의 진리대로 살아간다면 자신의 마음 밭에 한 점 번뇌도 일지 않을까? 또는 '탐욕도 벗어놓고 성냄도 벗어놓고 물같이 바람같이 살다가 가라하네'라는 선시(禪詩)를 읊어 보면 마음이 정화될까?

나는 철옹성으로 무장한 그런 몰이해주의자도 아니다. 사리의 이치에 맞고 합당한 사고의 바탕 위에서 모든 일을 처리하고자 노력하는 형이다. 한두 번으로 나의 정당한 주장이 관철되지 않으면 매달리지 않는다.

모든 사람들의 의견대로 일을 처리하지만 오히려 핫바지 인생, 낙동강 오리알이 되기 일쑤였다. 민주화니 다수결주의니 하며 뜻 맞는 끼리끼리의 오합지졸들이 다 동참하면 타고난 진실도 외면당하기 마련 아니던가. 푼수대로 세월에 짓눌려 살아가면 되었을 것을, 만용을 부린 게 아닌가 하고 자책해 보지만 아쉬움은 쉽게 가라앉지 않았다.

이왕지사 내친김에 우리의 주권과 주장을 피력해 봤지만 헛수고였었다. 이미 깊숙이 물들어 있는 병적인 관행을 바로 잡기에는 역부족이었다. 나도 신이 아닌 인간이기에 모두의 공동이익을 위해서 행정에 굽실거릴 수도 있다. 그러나 아닌 것은 분명 아니다. 소수의 이익으로 사리사욕의 욕구에 충족하면 모리배가 되어도 좋다는 것인가.

더구나 예향이라고 자타가 공인하는 우리 고장에 대한 모욕이다. 이름만 팔아먹었지 거기에 대한 예우는 제로인 상태, 권위주의 발상이 판치는 한 문화예술의 미래는 없다. 열악한 재정 문제도 문제지만 개개인의 자질문제도 문제다. 인근의 진주에서는 개천예술제 부대 행사에 수반되는 모든 이익금을 예총이 관장하게 하여 활발하게 활동하고 있다고 하는데 우리의 한산대첩 행사도 그런 방향으로 가닥을 잡으면 어떨까 싶기도 하다.

일전에 지역문학상이 생긴다고 들었는데 나는 창작지원금 쪽으로 공인한 바 있고 고성, 거제에 있는 유명 문인과 현역 문인 시비(詩碑) 동산을 우리 고장에서는 그곳보다 먼저 조성하여 예향임을 알려야 한다고 한 바 있다. 해당 부서에서는 형식과 의무에만 그치지 말고 소신을 갖고 깊이 생각해 보면 서로 상생하는 진리를 찾아내지 않을까 싶다.

존재의 의미

세상에는 선(善)을 지향하는 여러 종교의 종파들이 산재해 있다.

나는 무신론에 가까운 삶을 살아가고 있지만, 그중에 일체유심조(一切唯心造) 사상에 매력을 느끼고 있다. 그러나 아직도 종교에 대한 정확한 해답을 찾지 못하고 중도에 머무르고 있다 하겠다. 눈과 귀는 열려 있어 이것저것 보고 들은 것은 있어서 나름대로 생각에 젖어 보기도 한다.

종교인들이 바라는 사후세계는 과연 있는 것일까? 사악한 인간의 심성을 다 평정하고 나면 바라던 이상세계, 그것이 바로 미래세계 아닐까? 아직 진리의 초보에도 근접하지 못한 논리에서 헤매고 있는 나의 사고(思考)는 미천하기 그지없다. 그러나 분명한 것은 이상세계와 사후세계를 직접 볼 수 없다는 데 문제는 있다. 베일에 가려 놓고 무조건 맹신하게 하지 말고 단 한 번만이라도 기적을 보여 진실을 밝혔어야 했다.

그러나 그 기대는 몽환적(夢幻的) 환상에 그쳤을 뿐 기적은 일어나지 않았다. 믿고 안 믿고는 자유지만 최종의 목표는 선, 즉 마음의 평화이니 볼 수도 만질 수도 형체도 없는 마음의 작용을 나는 중히 여기는 것이다. 여태까지 살아오면서 터득한 나의 지론의 전부이지만 아무튼 신앙생활은 마음을 의지할 수 있는 곳이기에 긍정적인 평가를 내릴 수밖에 없다.

최근 오랜 수도 생활 끝에 불교 교리와 기독교 교리 및 여러 교리들을 연구 분석한 어느 스님의 논리가 가슴을 파고든다.

천지창조설을 주창한 유대교 교리(구약성서)의 미비점을 예수 탄생 후 신약성서에서 많이 보완했다고 한다. 예수는 여러 교리를 두루 섭렵함으로써 불교의 좋은 점, 즉 해탈 가능성과 평등사상의 불경에 매료되어 70%의 비유법을 구사했다고 한다.

'하나님 나라는 너희 안에 있다(누가복음). 너희 안에 있다란 너의 마음 안에 있다는 말과 같은 뜻이고, 마음이 가난한 사람은 하늘나라가 그들의 것(마태복음). 여기서 마음이 가난하다는 것은 불교에서 말하는 마음속에 욕심, 번뇌, 갈등이 없는 마음을 뜻하는 것이라 한다.' 부자가 하늘나라에 들기 어렵고 차라리 낙타가 바늘구멍에 들어가기가 쉽다(누가복음). 마음을 인내하는 자리가 바로 영혼의 본래 자리 회복이니 즉 영혼의 자유를 얻는 그곳이 바로 하늘나라라고 한다.

사람이 살아 있다는 것은, 항상 마음이 작용하고 있다는 것인데 선한 사람은 선한 행동 속에서 그 기쁨을 느끼고 행하며, 악한 사람은 악한 행동 속에서 기쁨과 스릴을 느껴 그런 성격으로 굳어진다. 그래서 자신의 나쁜 마음을 알지 못한다. 또한, 현자는 사람을 대할 때 평등심을 잃지 않지만 우자는 언제나 차별심을 가지기 때문에 올바른 마음을 쓸 수 없고, 올바른 사랑을 베풀 수도 없다. 마음의 근본을 모르는 소치이기 때문이다. 그런 이기적인 마음이 작용하여 전쟁도 일어난다.

동양의 유교, 불교, 도교, 힌두교의 교리들은 침략전쟁을 절대로 합리화시켜 주지 않았다. 오직 서양에서 발생한 기독교와 이슬람교가 자신들 신(神)을 내세워 전쟁을 합리화시킨다는 것이다. 지금 추이로 보면 지구의 종말이니 말세라는 말도 핵전쟁으로 귀결되는 것을 말하는 것이리라.

민심은 천심이다. 인성(人性) 속에 신성(神性)이 있고 신성 속에 인성이 있다고 한 유교나 전래 토속신앙도 마음의 평정을 찾는 선을 향한 몸부림이다.

결론적으로 신약성경의 외면은 하나님의 일체창조설과 일체주재설(主宰說)인데 내면은 부처님의 일체유심조 사상이 합성(合成)되어 있다는 것이다. 천당도 지옥도 선도 악도 인간의 마음작용을 떠나서 있는 것이 아니기 때문에 마음의 평정을 찾으면 아무런 두려움도 용납 못 한다는 것이다.

우리 속담에 '하늘이 만든 화(禍=재앙)는 피할 수 있어도 마음이 만든 화는 피할 수 없다'고 했다. 즉 하늘보다 앞서는 것이 사람의 마음이란 뜻이다. 나는 많은 종교인들이 선을 향한 미래세계, 또는 만민을 위해 자기 자신을 희생하고 있다고 생각한다. 어떤 크나큰 충격에서 삶의 진로를 바꾸지 않았을까 싶다. 어찌 보면 그들이 흔히 말하는 절대자의 뜻과 자연의 섭리에 반하는 길을 가고 있는 건 아닌지 궁금하다.

가톨릭의 수녀나 신부, 수도하는 스님과 비구 승려의 삶은 음(陰)양(陽)의 질서에 위배 되는 것은 아닐까? 나 아니라도 인류의 대(代)를 이을 존재는 충분할 것이라고 봤는지는 모르겠지만 어쩐지 모순인 것 같아 씁쓸하다. 뿌리가 없었으면 나 같은 존재는 어떻게 태어났을까도 한번쯤 생각해 볼 일이 아닌가.

고차원적인 수행자의 길과 삶을 미천한 내가 어떻게 알겠는가마는 전 인류가 그대로 따라 행하면 마지막엔 결국 아무것도 없다는 결론에 이른다.

세속에 묻혀 있으면 잡다한 오만상이 달라붙기에 생각을 맑게 하기 위한 기도처가 필요한 것은 안다. 그래서 수녀가 되고 입산하게 되는 것은 이해하고도 남는다. 그렇지만 그게 궁극적 해법은 아니라고 본다. 마음을 붙들어 맬 수만 있다면 입산하지 않아도 집에 있는 재가불(在家佛)도 있을 수 있고, 만연한 악을 정화, 희석해주는 신앙인과 더불어 그 속에 일반 속인(俗人)들도 섞여 살아갈 수 있을 것이다.

이것이 있으면 저것이 있고 저것이 없으면 이것도 없다는 상대성 원리는 만고불변의 진리이다. 그래서 선과 악은 항상 대치상태에 있는 것이다.

선이 소멸되면 지옥이요, 악이 소멸되면 지상낙원, 천국일 것이나 절대로 그렇게는 될 수 없다는 것이다. 그렇기에 악이 선의 선을 침범 못 하게 수행원들이나 교육이 조정해 주는 역할을 하고 있다고 보면 될 것이다.

이념과 종교적 대립을 떠나 인간의 본성(本性)을 되찾아 정리해 나간다면 보다 밝은 미래가 도래하지 않을까? 그러므로 모든 번뇌와 악의 고리로 뒤엉켜 있는 형틀을 벗어나 슬기롭게 살아보자. 인간의 삶도 나의 판단으로 볼 때 일회성이다.

어렵사리 이 세상에 왔는데 사는 동안 지혜롭게, 즐겁고 행복하게 지내다가 눈 감으면 금상첨화 아니겠는가. 시험에 들지 말고 하루하루가 축복받는 날이었으면 좋겠다. 어떻게 해야 스스로 자기 마음을 다스릴 수 있는 날이 올까. 마음의 종이 되지 말고 주인이 되는 날 말이다.

새삼 우리들의 존재 의미를 되새겨 보는 오늘이다.

순천만 그 성공 비결

지난 6월 11일 예총 역량강화 워크숍으로 안동 하회마을에 다녀왔다. 아직도 생생하게 보존된 마을을 둘러보고 하회탈 공연도 관람했다. 그런 후에 병산서원, 도산서원과 퇴계 종택도 둘러보고 많은 것을 보고 느꼈다. 낙동강이 오른편 안동시에서 흘러 나와 마을 왼편으로 큰 S자 모양으로 흐른다고 하회(河回)라 했다는 새로운 정보도 알게 됐다.

그러나 뜨겁게 감동받은 것은 '순천만 왜 창조인가'를 발표했던 강사 최덕림에 있다. 그가 순천시 예술과장을 지내면서 이뤄낸 공적은 가히 타의 추종을 불허한다.

오늘의 순천만 국가정원이 있기까지 그는 하나하나 체계적이고 세밀한 계획하에 실천해 나갔다. 무엇이든 문화예술의 바탕 위에서 행정도 이뤄져야 한다며 '왜 일하는가?'(WHY) '어떻게 일할 것인가?'(HOW)를 먼저 제시해 놓고 개개인이 같이 배웠어도 '어떻게'는 각자의 머리에 있단다.

지역에서 가장 중요한 게 문화예술이며, 올림픽이나 여수 엑스포를 예를 들어 반짝 일회성의 행사뿐이나, 문화예술 관련 사업은 지속 가능성이 있다고 한다.

순천만은 친환경 생태공원으로 하루 두 번 밀물과 썰물의 해수는 10km나 드나든다. 갈대밭 아래 강물과 해수가 서로 교류하도록 하구는 막아 두지 않았다. 먼 미래를 생각하여 전봇대와 전선을 제거하여 새들의 쉴 곳을 만들어 주었다. 주변 주차장과 하천을 습지로 만들고 음식점들을 이전시킴과 동시 커피, 콜라 없는 순천만을 지켰다.

또한, 유람선을 없애고 생태체험선으로 소리 나지 않게, 너울 치지 않게, 7노트 저속 유지를 지키고 있다고 한다. 이 모든 것은 하고자 하는 이들, 즉 국가공무원이나 지방공무원의 재량권에 있다. 이렇게 하늘·땅·바다 삼위일체가 공생하게 된 것은 오로지 그의 크나큰 역량으로 이뤄진 것이다.

이제 명실공히 에코벨트 조성으로 영원히 보존하자는 구호 아래 순천만 국제습지센터는 국제 정원박람회장으로서 그 위상을 더 하고 있다. 순천만은 정원문화에서 창조경제를 이룩한 효시로 빛나며 친환경 교통수단, 스카이큐브, 그리고 화장실에는 계단이 없다고 한다. 3년의 짧은 기간을 거치는 동안에도 첫째 생태계 보존이며 둘째 시민 경제에 역점을 두었다고 한다.

그가 이룩한 업적들을 다시 정리하면 우리나라 최초 어린이 전용 도서관 설립, 민방위 교육으로 연극 관람, 임진란 유적지 탐방, 공인

요원 60명을 교육시켜 13명에게 고교 졸업장을 취득케 했으며, 갯벌 복원, 흑두루미 보호, 생태관광 도시 브랜드화, 순천만 훼손 방지, 정원조성, 에코벨트 등 주어진 일에 용기 있게, 그리고 조심스럽게 한 발, 한 발 가다 보니 오늘에 이르렀다고 술회하고 있다.

1996년에 79마리이던 철새가 2002년에는 121마리에 관광객 10만 명, 2012년 693마리에 295만 명, 2015년 1,450마리에 6백만 명이 넘는 관광객이 다녀갔단다.

그가 실천 전략으로 이용한 카르마 경영(KARMA=業)을 그대로 옮겨 본다.

① 생각을 실현시켜라.(낙관적 구상, 실행, 대답은 현장에 있다.)

② 원리원칙에 근간을 두고 생각하라.(인생의 방정식=사고방식×열의×능력)

③ 마음을 수양하고 높이라.(자신의 재능을 공(公)을 위해 또 나를 위해 사용)

④ 이타심으로 살아가라.(개인<가족<지역<사회<국가<우주)

⑤ 우주의 흐름과 조화를 이룬다.(운명<인과응보의 법칙)

고통은 그 의미를 찾는 순간 더 이상 고통이 아니다. 의미 없는 고통은 없다(빅터프랭클)는 말을 신조로 25년간 꾸준히 문화관광에 관심을 쏟은 결과물 이어서 더없이 값지다.

그에게 성공 비결의 강의를 들은 사람은 2012년 1,200명을 비롯하여 2016년 5월까지 3,600여 명의 공직자 및 일반인들이 있다.

그는 순천대학교 대학원 법학과(법학석사)를 졸업하고 순천시청 주민자치과장에서 환경국장(지방서기관) 순천만 국제정원박람회 추진단장을 거쳐 현 안전행정국장 2012년 제1기 지방행정달인으로 선정됐

다.(행자부)

문화예술과 직원은 부정부패 관련 때문에 자주 자리를 바꿔야 한다는데 그는 어떻게 이런 큰 역사를 이뤄냈을까?

이런 각오와 사명감, 사고력을 가진 사람이 전국 곳곳에 한 명씩만 있어도 우리 대한민국은 획기적인 발전은 물론 그 앞날은 창대할 것으로 믿는다. 즉 형식과 의무에만 그치지 않고 창의력으로 일관하여 헌신을 다한 그 큰 성의와 노고에 감탄의 박수를 아낌없이 보내고 싶다.

(2016)

3

비워 둔 자리

희망의 불씨

아∼하! 그래 희망은 있다. 아직 불씨는 꺼지지 않았구나. 새봄의 새싹처럼 물을 주고 잘 가꾸어 옛날의 명성을 되찾거라. 나는 속으로 빌면서 회심의 미소를 지었다. 고 깜찍한 몸짓과 인사 한마디가 하루 종일 나의 마음을 흔들어 놓았다.

아직 이슬도 덜 깬 이른 아침, 꽃샘추위는 아침저녁으로 두꺼운 옷 속을 으스스 파고든다. 잠에 취한 듯 엉기적거리는 차량들을 피하고 좁은 길을 지나 작업장에 이른다. 우선 공사 안내 입간판을 현장 초입에 세우고 차량통제 안내문을 도로를 가로질러 띄엄띄엄 배치해 두고 기다린다. 직영 인부들이 나와야 하고 크레인, 덤프트럭이 와야 공사가 시작되기 때문이다.

우리 고장에는 요즘 하수관거 공사가 한창이다. 덩달아 도시가스 건설 사업도 함께 도로를 팠다가 덮었다가를 매일 매일의 연속이니 짜증낼 시민도 있을 법하다. 공사는 해야 하고 운전자들은 시기를 맞춰 일률적으로 한꺼번에 하면 어떻겠냐고 불만을 토로한다. 하기사 공사하는 사람들이야 행정과 협의하여 하고 있지만 시민들이 행정을 보는 눈은 다르다. 하수구공사 때 파헤쳤다 덮고 나면 가스공사 때 또 파고 덮고, 수도공사 때 파고 덮고, 도로도 몸살 나겠지만 행정의 일관성 없음을 개탄하는 소리도 나온다.

나는 이 현장의 차량 통제 신호수다. 붉은색 조끼, 붉은 안전모에 신호봉, 나의 몸뚱이는 위험 신호등이다. 중앙 분리대를 막아 이차선이 일차선이 된 좁은 도로, 복잡한 사거리나 오거리에서는 신호등이나 교통순경보다도 나의 존재는 독보적이다. 모든 차량은 내 손 안에 있다. 아무리 급해도 내가 막아서고 있는 한 꼼짝 못 한다. 이날 하루만큼은 나는 제왕이 된다. 응급환자 수송차량, 교통지도 경찰차량, 장의차량, 택배차량, 기자재 운반차량, 농수산물 유통차량, 학원차량, 택시, 버스, 관광버스, 일반 승용차 등, 누가 더 급한지 나는 모른다.

병원 응급환자 수송차량은 예외로 우선하고 그 외 차량들은 순서대로 정리하되 경우에 따라 나의 판단으로 처리할 때도 있다. 얌체같이 끼어들고 신호를 무시하여 질주하는 차량도 있어 당황하게 되면 순간적으로 신경이 곤두선다. 신호수끼리 호흡이 맞지 않아 길이 막혔을 경우 반짝이는 지혜가 필요하다. 운전자들의 짜증스런 불만을 귓전으로 흘리며 먼저 보낼 차량을 보내 길을 터 정리하고 홍수 뒤 강기슭에 밀려 쌓였던 쓰레기가 바다로 쓸려나간 것처럼 훤한 도로를 보면 몇 년 묵은 체증이 내려간 것처럼 마음이 놓인다. 신호도 잘못하면 민원이 제기되고 욕설도 듣게 된다.

그런 와중에도 길을 막고 길을 물어 오는가 하면 밤늦은 시간대에 주정꾼을 만나면 삼사십 분을 입씨름도 감수해야 한다. 신호봉을 흔들고 하루 종일 서서 일하기란 쉬운 일이 아니다. 차라리 힘에 맞춰 땅을 파고 자갈이나 흙을 나르는 일은 잠시 잠깐 쉴 수도 있지만 밀려드는 차량 때문에 소변도 참아가며 점심시간까지 버텨내야 한다. 처음 2~3일은 팔도 다리도 몹시 아팠지만, 면역이 생겨서인지 견딜 만하다. 젊은이들도 기피하는 일을 일흔을 넘긴 노구가 해내고 있으니 남들은 대단하다고 위로조의 말을 하고 있지만 나의 각오는 다르다. 우선 게으른 나에게 운동량을 제공해 주고 용돈을 벌게 하는 기회를 준 것, 다음으로 무엇보다 나를 인정해 준 것이다.

사람이 다급해 지면 무슨 일을 못하랴, 2003년 매미 태풍 이후 갑자기 들이닥친 생활의 변화, 32미터의 안벽을 곤돌라를 타고 오르내리며 껄끄러운 석면작업을 하고 지름이 80미터가 넘는 탱크 바닥의 먼지를 쓸어내고 홈그라스(화산재로 만든 벽돌), 루핑을 깔고 다섯 여섯 줄로 길게 늘어선 가스 송유관의 파이프라인을 코팅하고 배파해서 다진 몸, 이젠 무슨 일이든 두렵지 않다. 국가산업인 한국가스공사 탱크 시공사업 현장에서 7년을 견딘 몸 아닌가,

한창 붐볐던 차량이 빠져나가고 한산한 도로의 먼지를 돌개바람이 획 쓸고 지나간다. 아직 우리 고유의 미풍양속은 남았던가, 그때 길 건넛집 아주머니가 따뜻한 커피 한잔 건네며 수고한다는 말 한마디가 그래도 고단한 마음을 풀어 준다.

차량은 아침저녁, 출퇴근 시간대에 많이 붐빈다. 그 시간을 조금 지나면 노란색 학원 차량이 쉴 새 없이 오간다. 아까부터 도로 한쪽에 네댓 살 되어 보이는 아이를 업고 보듬고 선 할머니와 아줌마가 추운 날씨에 발을 동동거리며 있다. 학원차가 서면 보모인 선생님이 달려 나온다. 아이는 선생님께 꾸벅 절을 하고 다시 돌아서서 할머니에게 절을 하고 차에 오른다.

아! 이 얼마나 정겨운 광경인가. 나는 잃었던 그 무엇을 찾은 듯 희열을 느꼈다. 오늘날 교권이 무너지고 어른이 없는 사회, 소박한 인심마저도 멀어져 간 세상, 질서와 윤리, 도덕이 족쇄에 잠겨 버린 현실, 학교 폭력, 저출산의 공포에 시달리면서 멀지 않은 장래의 나라 명운까지 걱정했는데 그게 아니었다. 총선을 앞둔 후보들이 나라와 국민을 위하기는 내가 제일이라고 수백 번 절을 하고 다녀도 나는 고사리 같은 그 아이가 마음에 와닿는 것은 왜일까?

어서 빨리 추위가 물러가고 꽃 피는 4월이 오면 묵혀 두었던 텃밭에 서둘러 씨를 뿌리고 퇴비와 물을 주어 희망의 새싹 하나 불씨처럼 피어 올리고 싶다.

(2008)

회억(回憶)의 창(窓)

십 년이면 강산도 변한다는 말마따나 정말 많이 변했지. 우선 당신 시비(詩碑)동산 앞에서부터 본다. 산양체육공원이 생겨 대학축구 동계훈련장으로 제 몫을 다하고 있고, '야솟골 찬가' 시비 앞에는 작은 로터리도 조성되었다네. 산양읍사무소도 농협 앞 삼거리로 옮겼고, 그런가 하면 꽁꽁 얼었던 남과 북이 2018 평창 동계올림픽 때문에 해빙무드로 치닫고 있는 현금이야.

얼마 지나지 않아 온 산과 들이 진달래와 개나리로 불타오르리라. 그때에는 그 뜨거운 열기가 우리들 마음속까지 전달되어 철의 장막도 걷히었으면 좋겠다.

세상 이치가 항상 높낮이가 있고 음양의 조화로 되어 있듯이 순리대로 진화하고 변하는 것 또한 정한 이치 아닌가. 언제쯤 심경의 변화를 일으켜 얼싸안을지 미궁 속이지만 희망의 불씨는 서서히 타오르고 있다.

세월 따라 점점 더 회기본능에 다가갈수록 희미해져 가는 정신을 가다듬어 보지만 짓누르는 무게를 어쩔 수 없다.

다만 아쉬웠던 부분과 잊히지 않는 퇴색된 추억의 파편들이 가끔 고개를 내밀 뿐, 이제는 부운(浮雲) 같은 부질없는 것이기도 하다.

당신과 나, 우리들의 젊은 시절은 선망의 대상으로 가슴 부풀었었다. 역시 젊다는 것은 생의 원동력이기도 하지만 미래를 향한 희망이기도 했다. 활기찬 회원들의 왕성한 교류활동은 문학예술의 열기를 뜨겁게 달구어 우리 고장의 대지를 흠뻑 적셨다. 한때 마산의 고운 선생님을 모시고 남망산장에서 회원들과 밤새도록 정을 쌓고 그림을 전해 받던 일 하며, 수륙터 횟집에서 일 배후에 수영복 차림의 젊은 혈기 충만한 당신의 만용도 사진으로 남아 있다.

풍류를 아는 사람, 그리고 즐기는 사람, 애주가에다 다방면에 소질을 타고난 사람, 일배 일배 부일배 거나해진 취기 따라 '배호'도 등장하고 '김상국'의 불나비사랑도 활개치고 노래방 문턱도 닳아 문드러졌다. 되새김질처럼 반복되는 얘기지만 일기 화창한 봄날에는 묵은 일상을 갈무리하듯 가슴을 활짝 열고 산정에 자주 올랐다. 담가둔 매화주병 꺼내 들고 건오징어 한 마리면 족했다. 차르르 등줄기를 타고 전신으로 파고드는 취기의 열기는 웃통도 풀어내고 바지도 벗게 했다. 수영복 차림의 나체는 봄이 익는 바위 위에서 잠시 니콘 앵글에 머문다. 그렇게 한나절을 오징어 몸통이 사라지고 나면 다리까지 잘근잘근 씹으며 시름을 달랬다. 술병이 바닥나고 해거름이 임박해지면 귀가를 서둘러 하산해야만 하는 아쉬움은 항상 미련으로 남아 있었다. 이렇게 당신의 일상에서 나는 그림자처럼 함께한 날들이 많았다. 각종 행사 때나 외지 출장에도 자주 동참했다. 마산의 '고모령'에서 일박하며 여자 주인과 바둑판에서 씨름하고 술잔을 나누던 일도 가뭇하고 내가 회장 때 청마문학상을 타게 된 것도 어떤 인연에서일까?

항상 남을 앞질러 조금은 거만하게 보였던 사람, 그리고 나에겐 후회로 남은 일이 하나 있다. 당신이 이승 떠나기 며칠 전, 산양삼거리 주점에서 마지막 만찬에의 초대에 불참한 것이 한으로 남아 있다. 이미 예비된 예감이었을까? 남길 말이라도, 못 다한 얘기라도 있었을까?

그런데도 세월은 멈추지 않는다. 한 잎 한 잎 떨어져 쌓인 낙엽이 십 년 두께를 더 했다. 앞으로 얼마만큼의 두께가 더 해야 잊힐까.

오늘도 나는 회억의 골방에서 서성이고 있다.

- 설엽 10주기에 부쳐 (2018)

어느 노부부의 지혜

세상이 하도 어수선하니 별의별 일이 다 성행하고 사람의 지혜 또한 새롭게 발전하나 보다. 속고 속이는 세상, 과연 그 끝은 어디쯤일까?

없는 사람이 없다고 표 내어 질질 짜지 말고, 가난한 사람이 옷차림마저 추하면 사람 취급 안 하니 없어도 있는 척 옷 잘 입고 내색하지 말라고 한다. 유전무죄 무전유죄란 말은 벌써 생겨났지만, 돈 때문에 부모 형제, 자식마저도 안하무인인 세상, 살고 죽는 것도 돈에 기인한 것이라면 더 이상 무어라 할까.

사람의 인성도 시대 따라 변하고 교육도 윤리 도덕을 뭉개고 많이 변했다. 사람 목숨을 파리 목숨보다 더 경시하고 자기만 즐기고 편하면 되는 이기주의적인 삶, 한글 전용의 시행착오와 산아제한이 몰고 온 저출산이 결혼 기피 현상으로 사회를 어지럽히고 있다. 그래도 과거 농경사회에서 살아본 사람들은 후한 인성을 그대로 지니고 있나 보다.

평생 땀 흘려 모은 재산을 자식들에게 다 내어주고도 더 못 주어 안달하는 부모 마음, 안 주면 살인까지도 일삼는 패륜아들, 말세가 가까웠는지 사탄의 장난이 극에 달했다. 남들처럼 제대로 먹지도 입지도 못하고 고생고생하며 성공시켜 놓은 자식들이 부모님을 배반하여 헌신짝처럼 버리는 세상이 되고 말았다. 그것도 첫째 아들은 검사, 둘째 아들은 의사였다는데 무엇이 모자라 여생을 보낼 좁은 공간마저 탐냈을까? 가진 것 다 정리하여 주면 평생 편히 모시겠다는 농간에 속아 그대로 했더니 못된 며느리는 여행 가자고 구슬려 두 번이나 멀리 떨어진 정류장과 식당에 버리고 왔단다. 그래도 배를 곯아가며 자식이 찾아오기만을 기다리다가 노숙자가 될지언정 원망하지 않는 부모를 보면서 추적팀이 자식들을 찾아가 사연을 알려줘도 헛일이었다. 할 수 없이 경찰에 신고까지 했으나 오히려 부모들은 그런 일 없다고 자식 두둔하여 처벌도 할 수 없었다고 한다.

하루가 다르게 TV, 신문 등 언론매체에서는 새로운 수법의 범죄 소식이 이어진다. 자식들을 전부 도회로 보내고 시골 벽촌에 홀로 남겨진 노인들, 그들도 세상 민심을 알기에 자식들이 모시겠다고 해도 가지 않는다. 경작하던 땅뙈기도 노동력 부족으로 묵혀 두고 소작으로 반찬용 채소 몇 포기 가꾸는 게 전부다. 자식들은 처음에는 자주 찾았으나 한 해 두 해 세월 따라 일 년에 두 번 명절에 찾아보게 되었다. 그도 저도 잊고 아예 찾지 않는 불효자도 있단다.

부모가 몸이 불편한지 아픈 곳은 없는지 굶지나 않는지 걱정하는 자식은 과연 얼마나 될까? 죽을 때 임종 못 하고 언제 죽었는지조차 모르고 있다가 잠긴 문을 따고 나서야 악취 풍기는 시신을 수습하여 고별하는 세상이 되고 말았다. 은혜를 저버린 젊은 그들의 미래는 어떨는지 궁금해진다.

이런 과정을 지켜본 어느 노부부가 살아남기 위한 지혜를 고안했다. 우선 예금통장을 금융기관 여기저기 것을 이삼 십여 개 만들었다. 돈도 소액으로 일이 백만 원 준비해 뒀다. 자식들이 지나치다 볼 수 있게 방문도 빼꼼히 열어 두었다. 통장과 돈다발을 펼쳐 놓고 번갈아 가며 한 장 두 장 세고 또 세고를 반복하고 있는 것을 아들 며느리는 우연히 보게 되었다. 한두 번이 아니고 얼마간 계속되었다. 이후 자식들의 태도가 달라졌다. 말씨는 상냥해졌고 아침저녁 밥상이 달라졌다. 더우면 더운 대로 추우면 추운 대로 보살피기에 바빴고 좋은 옷에 맛있는 것, 외식도 여행도 자주 다녔다. 최상의 보살핌과 서비스에 마냥 즐겁고 행복한 나날을 보냈다. 그러다가 세월은 흘러 부모님이 돌아가시고 떨리는 손으로 통장을 펼쳤다. 복권에 당첨된 기분으로. 그러나 통장에는 만 원, 이만 원도 있고 거의 소액이었다. 기대에 못 미친 자식들의 마음은 어땠을까. 그러나 어쩌랴. 그것이 인간 도리인 효행의 기본인 것을. 어쩌다 부모마저 자식을 속여야 하는 세상이 되었는지.

생활 속의 윤활유

슬프거나 기쁠 때, 보고 싶고 그리울 때, 고된 일상에서 윤활유처럼 필요한 게 있다. 녹음이 만산홍엽으로 치장하고 시원한 바람 불어오면 어디론가 길을 나서고 싶어진다. 산은 천연색 단풍으로 좋고 강이나 바다는 너른 품과 해조음이 좋다. 사그락사그락 모래를 쓰다듬다가 차르르 자갈을 굴리는 물결 소리는 어느 악기로도 흉내 내지 못할 신(神)의 음성이다. 쏴아 솔바람이 영 넘어오면 바다는 흰 이빨 드러내고 달려나간다.

이때 감성은 아련한 추억의 창에서 잊고 있었던 사연들을 불러낸다. 휘파람이나 콧노래가 절로 나온다.

우리 민족은 예부터 한(恨)이 많았다. 한 뼘의 땅떼기도 아쉽고 초근목피로 어렵던 시절, 농경사회는 괴롭고 지루한 나날의 연속이었다. 구릿빛으로 그을린 몸과 얼굴에서는 항시 끈적끈적한 물기가 마를 날이 없었다.

특히나 산세만큼이나 험한 강원도의 오뉴월 장마철은 길기도 하다. 무딘 호미질 뒤엔 한숨 섞인 노랫가락이 한을 달랬다. '한 많은 이 세상 야속한 님아~'로 시작하는 「정선아리랑」도 한몫한다.

우리 민요 대부분이 한의 노래다. 춘향전, 심청전, 남도민요인 밀양아리랑, 진도아리랑, 육자배기, 판소리, 풍악놀이 등이 있다. 먼 기다림 같은 하소연이나 신명 날 때는 아리랑이 제일 먼저 등장한다. 세월 따라 유행도 변해가듯 유행가인 대중가요도 서민의 생활 속 깊숙이 파고들었다.

사랑 이야기나 말 못할 사연들을 노랫말에 실어 시름을 달래기도 했다. 지금도 흘러간 옛노래는 가슴에 와닿는 것이 많다. 일요일 정오의 「전국노래자랑」이나 「가요무대」는 주로 장년이나 노년층에 어울리는 노래다. 비틀고 흔들어대는 요즘의 선정적인 노래는 광란의 도가니 젊은 층의 몫이고 나이 많은 사람들에게는 마이동풍격이다.

나는 옛날 노래들을 대부분 선호하는 편이다. 저마다 그만그만한 사연을 담은 가사 내용에서 정감을 느끼곤 한다.

일제 식민지 시대의 울분, 6·25가 남긴 상처에 이산가족의 비운이 빚어낸 설움이 주종을 이룬다. 봉선화, 기러기, 고향 생각, 목포의 눈물 등이 그것이다. 가사만 안다면 웬만한 곡은 따라 부를 수 있다.

생활에 활력을 주고 감흥을 주는 노래 중에서도 쉬 잊히지 않는 것이 있다. TV가 귀하고 라디오가 성행했던 시절, 새 아침을 상쾌하게 열어 주던 멜로디, 그것은 그 당시의 다세대 가족의 응원가였다.

"안녕하세요, 안녕하십니까, 인사를 나눕시다, 명랑하게, 일 년 삼백육십오일, 가지 많은 나무에 바람 잘 날 없어도 우리 집은 언제나 웃으며 산다." -「즐거운 우리집」

국군장병 위문쇼에서 짜릿한 모자간의 상면 장면에서 장병들의 염원을 담은 노래, 전원이 눈물을 찍어 내던 그 순간은 숙연해지기도 했다.

"엄마가 보고플 땐 엄마 사진 꺼내 놓고 엄마 얼굴 보고 나면 눈물이 납니다. 어머니 어머니 사랑하는 내 어머니 보고도 싶고요, 울고도 싶어요. 그리운 내 어머니" -「그리운 내 어머니」

사랑의 깊이만큼 알 수 없는 것은 사람의 마음이다. 사고력이 풍부한 어느 여인이 자근자근 고백하는 것 같다.

"바닷가 모래밭에 그림을 그립니다. 눈과 입, 그리고 코와 귀, 턱 밑에 점 하나까지 그러나 아직도 못 그린 것은 당신의 마음" -「당신의 마음」

찡하게 심금을 울리는 멋진 가사들이다. 이 밖에도 「어머님 은혜」나 「가고파」도 마음에 와닿고 가곡이나 좋은 동요들도 많다. 간혹 옥에 티처럼 잘못된 부분도 발견된다. '슬픔이 우두커니 남아 있다'든가 '똑딱선 프로펠라' 같은 것들이다. 근래에는 낯 뜨거운 제멋대로가 판을 치기도 한다. 노래 가사도 문학작품이기에 전문가의 심의를 거쳐 세상에 나왔으면 싶다. 아무튼, 모든 노래는 고된 인생살이의 삶에 한을 풀어주는 윤활유이다.

이별 연습

만나면 헤어지고, 태어나면 반드시 죽어야 하는 생멸의 법칙을 모르는 바는 아니다. 이 문제를 풀고자 고행하다가 석가와 예수 같은 성인(聖人)이 등장하고 진시황이 불로초를 찾아 헤매기도 했다.

제아무리 금슬 좋은 원앙부부도, 우애 깊은 친구나 형제 부모 자식 간이라 해도 언젠가는 혼자가 된다. 좋은 인연은 수 억겁(億劫)을 거쳐야 된다는데 인연의 만남 그 자체가 축복이요 기쁨이다. 하지만 좋은 인연만 있는 것은 아니다. 차라리 만나지 말았어야 할 인연도 있다. 부부의 이혼, 서로의 이해관계에서 돌아선 마음, 좋은 사이가 궂은 날씨처럼 원수지간으로 살벌해지기도 한다. 이것을 사탄의 장난이거나 자기가 지은 업(業)이라고들 종교에서는 말하고 있다.

우리 인간은 사람 인(人) 자가 말해주듯 둘이서 서로 기대고 받쳐줌으로써 가장 안정적이고 화평 그것이 된다. 칠흑 같은 밤, 깊은 산속이나 계곡 같은 음습한 곳에 혼자서는 가기 어려워도 연인끼리라면 가능하다. 아니 그보다 더 험한 곳, 맹수나 귀신이 출몰한다는 태산준령이라도 두렵지 않다.

생을 마감하는 죽음에 이르렀을 때 흔히들 돌아간다고 말한다. 돌아간다는 것은 왔던 곳으로 간다는 것인데 그렇다면 우리 인생은 어디서 온 것일까? 선업(善業)이나 악업(惡業)을 짓고 떠나갈 때에 길 안내자 천사나 저승사자가 데리러 올까?

중학교 때 할머니의 운명을 지켜봤다. 어머님과 함께였는데 할머니께서는 숨을 가쁘게 몰아쉬시며 “나는 간다.” 한마디 남기고는 숨을 거두었다. 누워 있으면서 어디로 간다고 했을까. 과학문명이 밝히고자 하는 영혼의 세계는 과연 있는 것일까. 할머니는 영혼의 집인 육신을 버려두고 저승사자의 독촉에 못 이겨 따라나섰을까? 어찌 보면 영의 세계는 있기는 한 것 같은데 어느 곳이 진짜인지 헷갈릴 뿐이다. 그때부터 이승에서 할머니와의 인연은 끝이 났다. 다만 기억의 창에 저장되어 있을 뿐.

우리나라는 가부장제(家父長制)로 남존여비 사상이 팽배해 왔다. 바깥일은 남자가 집안일은 여자가 주로 담당했다.

세계의 추세로 봐도 대부분 그렇고 미개사회의 일부다처제에서도 그랬다. 그러니까 밥 짓고 빨래하고 음식 만드는 일은 여자의 몫이어서 남자는 잘 못한다. 나도 예외는 아니다. 간혹 내자가 아프거나 멀리 갔을 때 양말이나 속옷 같은 것은 몇 번 빨아 봤지만, 음식에는 전혀 아는 게 없다.

이런 내가 어느 날 갑자기 혼자가 됐다. 당장 식생활이 문제였다.

간단하기로는 미숫가루나 라면이 있다. 시장에서 녹두죽, 빼때기죽도 몇 번 먹어 보고 김밥, 한식, 중국 음식도 사 먹었다. 저녁술을 한 뒷날은 속풀이로 복어국도 먹어 봤다. 그런데 경제적 부담 때문에 계속하기 쉽지 않았다. 할 수 없이 음식 만드는 법을 배워야만 했다.

밥 짓는 법, 국 끓이는 것, 된장국, 나물 무치는 법, 생선 굽고 지지는 것 등을 물어물어 적어 놓고 실행에 옮겼다. 죽밥, 된밥도 먹어보고 끓이다가 냄비도 태워서 못 먹고 버리는 시행착오도 겪었다.

밥은 물을 적당히 부어서 해야 하고 양념은 어떤 음식에 무엇을 얼마나 넣어야 한다는 것도 알게 됐다. 재료에는 간장, 된장, 고추장은 기본이고 참기름, 엿기름, 참깨, 들깻가루, 다시다, 마늘 다진 것과 파, 고추, 무, 양파, 부추, 방아잎, 시금치, 또 해산물로는 마른멸치나 새우, 어패류(조개, 홍합, 굴) 고등어, 갈치, 볼락, 꽁치, 도다리, 김, 파래, 미역 등, 서민생활 위주로 보편화된 것만 간단히 적어도 이 정도인데 그 외 육해공과 종류별로 세분화하면 헤아릴 수 없이 많다. 이 많은 음식들이 여태 주부들의 손끝에서 만들어졌음을 왜 몰랐을까. 그러고도 입맛 없을 땐 맛이 없다고 투덜대고 왔음이 부끄럽게 다가오는 순간이다. 나는 하루 두 끼의 소식(小食)을 한다. 한 번 만든 음식은 며칠씩 남아돌아 거듭 데우는 일을 반복하다가 버려지는 경우도 있다. 대신 이제는 웬만한 먹고 싶은 것은 적당히 만들어 먹을 수 있게 되었다.

혼자 있는 것은 외로움을 감내하고 나면 걸리적거리는 게 없어 좋다. 모든 것이 내 의지대로 마음대로다. 일정 기준이 없이 자고 싶으면 자고 먹고 싶으면 먹고, 누구의 간섭과 구속도 받지 않으니 최상의 자유를 누리고 있는 셈이다.

오늘은 고등어조림이 남아 있으니 쌈밥으로 즐길까. 늦잠 깨어 보니 해는 벌써 중천에 왔다. 텃밭의 상추 뜯어 씻어 놓고 보리차도 끓고 있다. 빨랫줄에는 속옷 한 벌과 양말 두어 켤레 바람에 나부끼고….

혼자 된 지 벌써 5개월로 접어드니 독신 생활도 제법 익숙해졌다. 내자는 지난 5월 다리 족부수술로 대구 병원에 있다. 올 때도 됐는데 주는 밥에 내자도 나처럼 편하게 자유를 누리고 있을까.

이래저래 여태 홀아비로 살아 봤으니 이별 연습 아닌가.

(2014)

비워 둔 자리

나는 요즘 급한 일이나 가까운 거리를 제외하고는 버스를 탄다. 간혹 택시를 이용하는 편이기는 하나 차가 술술 빠지면 몰라도 멈칫멈칫 차 꽁무니들에 멈춰 서면서 찰칵찰칵 요금을 집어삼키는 미터기가 얄밉기만 하다. 하지만 버스는 아무리 멈춰 있어도 기본요금 그대로라서 좋고 쉬엄쉬엄 쉬어가는 여유와 차창으로 스치는 풍경을 감상하는 재미가 있어 좋다.

몇 해 전, 그날도 나는 교외로 나가는 버스를 타면서 먼저 빈자리부터 살펴보았다. 마침 빈자리가 없어 서서 갈 요량으로 있는데, 한 여학생이 자리를 내어 준다. 한 짐이나 됨직한 책가방이며 도시락을 든 학생의 자리에 차마 앉을 수가 없어 "괜찮아요, 그대로 앉아요" 하고는 서서 가기로 작정했다.

차는 도심을 벗어나 20~30분 거리의 읍면 단위에 종점을 두고 있어 가끔 아침 일찍 서둘러 등교하느라 찻간에서 우유, 빵 등으로 끼니를 때우는 학생이나 얼굴이 부스스 부은 수험생도 만나고 시골 갯촌의 아낙들과도 자주 만난다. 구릿빛으로 그을린 순수하고 꾸밈없는 그들의 모습에서 삶의 현장을 보듯 비릿한 생선 함지며 풋풋한 소채들도 투박하고 구수한 그들의 대화처럼 정겹다.

민심을 알려면 시골 버스를 타보면 안다. 살아온 이야기며 자식 키운 이야기, 생활의 미담 등 주로 경험으로 일궈낸 진솔한 얘기들이 오간다.

자기네는 시대를 잘못 타고나 어려운 보릿고개를 겪어야 했고, 학교 문턱도 못 간 것이 한이 돼 자식들만은 똥 묻은 속곳을 팔아서라도 대학까지 마칠 작정으로 고생했지만, 어떤 사람은 판검사나 의사의 부모가 되는데 자신은 범법자의 부모가 되었다고 눈물을 찔끔거리며 한숨짓는다. 골이 깊게 파인 것으로 보아 나이가 제법인가 했는데, 나보다 한 살 아래라는 아낙의 말을 이어 한 노파는 자식에게 버림을 받아 양로원에서 기거한다고 한다.

때마침 차내 라디오에서는 '신년에 바란다'는 아나운서와의 일문일답 형식의 프로가 진행되고 있었다. 한결같이 70~80대 이상의 노인들이 자신들은 일제 식민지시대와 6·25를 거치면서 죽을 고생하여 오늘날 이처럼 살기 좋은 시대를 맞았는데 노인복지정책이 엉망이라고 정부에 건의해 달라는 안타까운 사연이 꼬리를 잇는다.

사실 우리 세대 그 이전에는 불행했다. 2차 대전, 일제치하의 36년, 6·25를 겪으면서 끼니조차 거르며 살았다. 춘궁기에는 초근목피(草根木皮)로 보릿고개를 견뎌내기가 힘들었다. 풋보리를 삶아 먹거나 보릿겨로 개떡을 만들어 먹고 쑥범벅, 칡뿌리로 연명했다.

끼니를 늘리고자 해초를 뜯어 국을 끓이고 톳, 고구마 등을 보리밥에 섞어 먹기도 하고 시골 어린이의 유일한 간식용으로는 강냉잇대나 수숫대의 껍질을 벗겨 질겅질겅 씹어 단물을 빨아먹기도 했다. 전쟁 후라 원조로 받은 구호물자 중에 강냉이가루, 밀가루, 가루우유 등은 그나마 큰 보탬이 되었다.

저녁 끼니로는 고구마가 아니면 강냉이죽에 쌀 몇 톨 띄워 후루룩 마셔야만 했다. 고무신이나 운동화를 신는 것도 쉽지 않았고 7개월이나 일 년 넘게 기워가며 신었다. 학교도 못 간 사람이 대부분이고 나무가 귀해 솔잎을 긁어 대고 잔솔 가지치기, 잔디 뿌리까지 긁어댔다.

그러나 요즘은 어떤가. 생활 물자는 없는 게 없고 먹고 싶은 건 계절과 관계없이 무엇이든 다 먹을 수 있는 세상이 되었다. 아니 먹고 남겨서 버리는 것이 더 많아졌다. 게다가 생활필수품은 메이커만 찾고 고급품만 선호하는 몰지각한 사람들이 늘어나고 있다. 생활이 여유로워졌다고는 하지만 아직도 우리 주변엔 굶주림에 허덕이고 있는 사람들이 많음을 알아야 하리라.

사람들의 인성은 자기가 겪은 경험과 환경으로부터 평소에 갈망하던 욕구를 충족시키나 보다. 없게 살았던 구시대 사람들이 치부를 하거나 권력을 잡으면 개구리 올챙이 적 시절을 모른다는 듯이 남을 위해 공평하게 분배하기보다는 자기 것부터 챙기는 습성이 우리를 실망시키고 있다. 재벌은 있는 대로 욕심을 부렸고, 권력자 또한 분

풀이하듯 수백 수천억을 비자금이나 통치자금 명목으로 챙겼으며 친인척들까지 끼어들어 정국을 혼란하게 하고 있다. 사회 일각에서는 큰 공사가 진행될 때마다 뇌물공세로 점철된 세상이 되었다. 이는 또 일반 서민층에까지 이어져 각종 범죄나 부조리에 이용되고 있다. 세상 어느 한구석도 곪지 않은 곳이 없다.

문명의 발달로 버스 문화도 나날이 변하고 있다. '오라잇! 스톱!' 하던 차장 아가씨도 사라지고 시민 자율버스에 승차권이나 동전 몇 닢 넣으면 되는 세상이다. 옛날 울퉁불퉁 흙먼지 날리던 시골길은 아스팔트로 매끈하게 단장되었고 몇 시간씩 기다려야 하는 불편도 없어졌다. 하지만 아직도 버스 문화는 시대에 걸맞게 개선되지 않고 있다. 승객을 짐짝처럼 취급하거나 피서철 성수기나 명절 등 귀성객이 많은 때에는 장거리 손님을 우선하는 경향은 남아 있다. 버스 요금도 390원, 410원, 580원 등으로 거스름을 받아 내기 어렵게 책정하여 서민들을 우롱하고 있다. 한때 경부고속도로가 개통되면서 상냥하고 예쁜 고속버스 안내양들이 베푼 친절은 더없이 좋았다. 비디오를 켜 주고 드롭프스며 음료수도 날라다 주고 관광지나 마을을 지날 때마다 안내 방송을 하여 여행객들을 즐겁게 해주었던 그 시절이 그립다.

차가 산모퉁이 커브길로 돌아가면서 기우뚱 흔들렸다. 나는 비틀거리는 몸을 가누면서 옆에 선 그 학생을 발견했다. 아직도 자리 하나를 비워 놓고 둘은 서서 흔들리고 있는 것이었다.

눈짓으로 앉으라고 다시 권해봤지만, 그 학생은 반응이 없다. 그 후 몇 구역을 지나는 사이 승객이 오르고 내리면서 그 자리는 채워졌다가 비워지는 과정을 몇 번 되풀이했다. 빈자리도 제법 생겨났다. 그래도 그 학생과 나는 자리에 앉지 않았다.

버스를 타다 보면 경로석이란 팻말이 버젓이 붙었는데도 비어 있다고 버릇없는 조무래기들이나 젊은 얌체들은 덥석 앉는다. 어떤 학생은 조심스럽게 주위를 둘러보다가 슬그머니 앉고, 보자마자 잽싸게 앉아서 옆 친구들과 재잘거리는 학생들도 있다. 눈을 감고 자는 시늉을 하는 승객들도 더러 본다. 반면 굳이 경로석이 아니라도 빈자리에 앉지 않고 얌전히 서서 가는 학생도 있다.

다 같은 선생님 밑에서 교육을 받았어도 이렇게 차이가 나는 것은 무엇 때문일까? 종점이 가까워질수록 빈자리가 늘어났지만 우리는 끝내 자리에 앉아보지 못하고 종점에서 하차하고 말았다.

그 학생은 왜 그 자리에 앉지 않았을까? 나는 또 왜 그 자리에 앉지 못했을까? 자리에 앉아 학생의 무거운 짐을 받아 주었으면 됐을 것을, 고집치고는…. 결국 고집 싸움에서 둘은 비겼다. 아니 어쩜 그 학생이 이겼는지 모른다.

비워 둔 자리에는 누가 앉았다 갔을까. 둘의 희생(?)으로 조금은 남을 편하게 해주었을까?

저만치 멀어져 가는 학생의 뒷모습에서 야릇한 연민의 정이 느껴지기까지 했다. 장차 어느 집 규수가 될지 몰라도 행복은 이미 예약된 거나 다름없어 마음 흐뭇한 순간이었다.

지나친 겸손은 미덕이 아니라고 했다지만 어딘가에 이런 학생이 있다는 건 밝은 내일을 기대할 수 있어 마음 놓이는 게 아닐까?

버스를 탈 때마다 그날 그 학생의 모습이 봄 아지랑이처럼 피어오른다.

(2000)

잘 익은 인간 열매

사람이 천명(天命)을 알 수 있는 지천명(知天命)을 살고 나면 귀가 순해져 남의 말을 순순히 받아들일 수 있는 이순(耳順)을 맞이하고 그런 후에 뜻대로 행해도 도(道)에 어긋나지 않는다는 종심(從心)에 이른다. 이때쯤을 곡식으로 치면 티 없이 잘 익어 영근 알곡에 비유되고 과일로 치면 향기롭고 맛있게 익은 완성품의 모양을 갖추었다고 할 수 있을 것이다.

옛날에는 비록 가난하여도 청빈한 선비정신에서 고매하고 성숙한 이런 인간미를 볼 수 있었으나 현세에 살고 있는 사람들에게서는 찾아보기 힘들다. 그간 세상 살아온 이치와 경험으로 보아 당연히 인간답게 영글었을 텐데도 우물 안 개구리처럼 인간 초입 단계인 지학(志學)이나 약관(弱冠)에도 미치지 못하는 품위와 언행이 우리를 실망케 하고 있다. 하나부터 열까지 모두가 자기 위주의 자랑이고 자기만 잘났고 많이 아는 것처럼 떠벌리고 자기 판단으로 일을 저질러 놓고도 남을 탓한다. 이런 사람은 설익은 과일처럼 풋내가 나서 상대하기가 싫어진다.

많이 배우고 많이 알고 있으면 무엇 하며 세월을 거슬러 나이만 먹으면 또한 무엇 하나. 사람이 사람다워야 하고 무리에 섞이어도 티 없어야 함을 몸소 느끼며 실천하는 자라야 참다운 인간상이라 할 것이다.

벼는 익으면 고개를 숙이고 얕은 물은 시끄러워도 깊은 물은 조용하다고 했다. 인격과 인품은 조용하면서도 조심스러운 언행과 몸가짐에서 스스로 배어나는 것이다.

인생항로에서 어찌 완숙한 삶만 다 기대하겠는가마는 최소한 그 이치에 어긋나지 않기 위해서 어떻게 노력했느냐가 문제일 것이다.

눈 있는 자 보아라. 귀 있는 자 들으라. 아무리 외쳐 봐도 보지 못하고 듣지 못하는 소경들의 무리 속에서 헤어나기 힘든 세상이다.

혹시 살아오면서 남에게 피해를 준 일은 없는가. 남의 눈물만 먹고 살지는 않았는가. 말을 함부로 하거나 잘못 전하여 남에게 상처를 준 일은 없는가. 손과 발은 옳은 곳에만 이용되었는가. 무슨 일이든 남의 입장에서 한 번쯤 생각해 봤는가. 과거 자기가 행한 일이나 지금 행하고 있는 일들이 과연 옳은 것인지 조용히 눈을 감고 자성해 보는 시간을 가져 보자.

이미 하늘을 알았으면 땅도 알고 천지 만물을 다 헤아려 보는 혜안을 가져야 할 시기다. 귀가 순하다는 것은 남의 말을 함부로 하지 말고 바르지 못한 말은 전하지도 말며 흘려버리는 지혜를 말할 것이다. 그리고 이 경지를 넘어서면 뜻대로 행해도 도에 어긋나지 않는다고 했다. 모든 것은 언행에서 비롯됨이니 말과 행동을 조심해서 도에 부합하는 삶을 살아보자.

순하게 엎드리어 다가올 미래에 대처하는 마음가짐 그것도 따지고 보면 결코 비굴하거나 모나지 않는 삶일 것이다. 나를 내세우지 말고 조금은 남을 위해 손해 보는 삶, 그것도 향기로운 삶일 것이다. 논리와 현실을 비판하기 전에 사람답게 사는 지혜를 갖춰 사람이 먼저 되자.

이제부터라도 바른 것만 보고 살자. 나만 알고 있는 것 같지만 이미 하늘이 알고 땅이 알고 나와 자네가 안다는 천지(天知), 지지(地知), 아지(我知), 자지(子知)의 사지(四知)가 있음을 알자.

아~ 이 결실의 계절에 잘 익은 인간 열매 하나 의인처럼 내 앞에 불쑥 나타났으면 좋겠다.

(2006)

내리사랑만 받은 불효자

흘러가는 물이고 싶다. 내 마음, 바람 부는 대로 깃털처럼 가벼운 몸으로 머-언 원뇌에 산산조각으로 쪼개져도 좋을, 처벌도 달게 받겠다.

세상에서 아무도 흉내 내지 못할 큰소리의 울음으로, 안으로 안으로만 삭이는 의젓함. 살점 죄다 흩어져 높은 뫼, 낭떠러지에 부딪혀 콸콸 쏟아지다가 돌출구에 열두 번도 더 벼락 치는 굉음으로 철철철, 솻솻솻 곤두박질쳐 숨이 멎어도 좋을 이 업보. 민낯으로 태양 보기도 부끄러워 제일 낮은 곳 찾고 찾아 존재라도 있고 없고 깊은 땅속이라도 숨어 버리고 싶다.

흐르는 시냇물은 어머님 마음. 앞설 것도 뒤설 것도 없는 순수하게 졸졸 흘러가다가 가로막히면 뱅글 돌아 볼우물 짓는 여유, 빠르지도 느리지도 않은 평온한 마음으로 사이좋게 대해로 가는 그 넓은 아량을 본다. 가다가 좋지 않은 감정들은 죄다 덮어주며 쓸어가 버린다.

어머님은 보상받지 않고, 원망도 하지 않고, 기다려주지도 않고, 물처럼 바람처럼 그렇게 그렇게 흘러가셨다. 김해김씨 집안의 외동딸로 태어나 열여덟에 여형제 다섯 속의 독신 아버님과 만났다. 당시 가부장적인 가족제도 풍습과 호랑이 할머님 밑에서 어떻게 견뎌냈는지 자못 궁금해진다. 시누이들에게 시달림을 당하면서 그 많은 농사일과 식솔들을 책임지는 일은 보통이 아니었다. 할아버지는 삼형제 중 맏이로 자식 없는 종손인 증조부 밑으로 양자로 오셨다. 그런 집안에서 어머님이 열아홉 되던 해에 맏이인 내가 고추를 달고 나왔으니 분위기는 구름 위를 걷는 기분이었다. 할머니는 나를 양손으로 치켜 올려 "둥게둥게 내 아들. 평양감사가 내 아들. 전라어사가 내 아들. 둥게둥게 내 아들" 하며 비틀어 흔들면서 기뻐하셨다. 그렇게 환대를 받던 어머님은 또 내리 아들만 여섯을 더 두었으니 손자 칠 형제에 할머님의 기상은 하늘을 찌르고도 남았다.

내가 자라면서부터 할머니는 특별히 관심을 가지셨다. 네댓 살 때 둘이만 있는 방 안에서 바늘에 실을 꿰게 하고 모깃소리로 불러 대답이 늦으면 "귀가 먹었는 갑다. 병원에 가자"고 해 당황스럽게 만들었다. 그것이 곧 조기 시청각 테스트임을 알게 됐다. 혹여 설사라도 할라치면 혓바닥으로 핥아 내셨다고 했다. 또한, 세 살 무렵 파리약을 들이마셔 죽어가는 나를 살려 냈다고도 했다. 나를 거꾸로 치켜들고 실성한 사람처럼 온 동네를 쏘다니며 앙가슴을 쥐어뜯으며 내 손자 죽는다. 살려내라며 바람을 쏘이고 등을 두드리고 토하게 해 위기를 넘겼단다.

그런 할머님의 임종을 중2 때, 어머님과 같이 지켜봤다. 그때 암묵적으로 느낀 것은 저승이 있는 것은 아닌가 하고 생각했다. 평소 앓아 온 것과는 달리 저승사자의 독촉에 못 이기는 듯 몇 번 뒤척이더니 숨을 가쁘게 몰아쉬며 "나는 간다"는 말을 남기고 서서히 숨을 거두시는 것을 봤다. 그때 그것뿐, 그 이후 임종을 여태 지켜본 일이 없다.

자식들이 자라서, 하나둘 직장 따라 모두 도회로 나가고 고향 섬마을엔 노부모만 달랑 남겨둬도 원망하지 않았다. 바쁜 일상을 핑계로 일 년에 한두 번 찾아 뵈도 마냥 즐거워만 하셨다. 호위병처럼 아들 일곱에 며느리 손자까지 온 동네가 떠들썩할 때 누구도 부럽지 않고 최상의 기분으로 우쭐하셨을까? 그러다가 폭풍 지난 것처럼 다 떠나고 나면 또 그 쓸쓸함은 어떠했을까?

사랑은 내리사랑뿐이고, 사랑은 효에서 태생했다고 보는 것과 같이 효는 한량없는 사랑을 잉태한다. 명절 민족 대이동 차량 행렬은 효 그것이다. 부모 형제 만나러 온갖 시름 잊고 고향으로 달려간다. 부모님을 무관심으로 잊고 있다가 병들어 눕자 잠깐 돌보는 것을 효라고 하는 것은 무의미하다. 부모님은 우리의 그것보다 백배 천배 사랑을 퍼부어 주셨다.

옛날 가난해도 담 너머로 인정이 오가고 질서와 윤리 도덕이 살아 숨 쉴 때가 좋았다. 윗사람 공경하고 아랫사람 사랑하는 섬마을 전체는 우리가 부재중이어도 하나의 효와 사랑이 뭉친 합작품. 즉 한 가족이었다. 외국인도 동방의 해 돋는 나라, 동방예의지국이라 극찬한 우리의 효 문화를 되찾아야 한다. 가만히 생각해 보니 나는 단 한 번도 부모님께 효도한 일이 없다. 부모님은 아들 부자란 말만 들었지, 어느 누구도 부모님의 마지막 임종을 지켜드리지 못했다. 내가 지금 효에 대한 글을 쓰고 있다고는 하나 내가 베푼 것은 없고 내리사랑만 받았기에 거꾸로 쓰고 있는 것이다. 어떠한 불충을 저질러도 어머님은 "아들아 괜찮다"라고 감싸 주셨지. 그런 어머님 마음을 흐르는 물에 비유해 본다.

흘러 흘러 대해에 이르렀을 때 거기서 어머님을 만난다. 부딪히고 넘어져서 시퍼렇게 멍든 가슴 풀어 놓으며 바람과 만나, 흰 이빨 드러내며 하얗게 웃는다. 어머님! 우리 어머님.

너 자신을 알라

득 되는 일이 없는 일에 나의 일상은 항상 바쁘기만 하다.

인간으로 태어나서 죽을 때까지 배우고 배워도 끝이 없는 진리의 길. 나는 많이 배우지도 못했고, 겨우 소도시 실업계 학교를 나온 것이 전부여서 차원 높은 지식인 수준에 미치지 못할뿐더러 도전도 못 해봤다. 또한, 명리에 집착하여 자신을 망각할 어리석음도 저지르지 않았다. 타고난 그대로 하나에서 열까지 모든 것 수정하거나 정형하지 않은 본래대로이다.(주소지, 성명, 학력, 얼굴 등) 이것은 죽을 때까지 가지고 갈 것이다. 심도 깊은 학문에도 심취하고 싶지 않다. 말은 제주로 사람은 서울로 가라고 하지 않았던가.

우선 내가 사는 생활 반경에서 하나하나 터득해 가는 지혜가 곧 삶의 원천이기에 그대로 익혀갈 뿐이다. 인간 형성의 기본도 모르면서 어찌 고차원적인 지식의 문턱만 기웃거릴 것인가.

그리스 철학자 소크라테스는 유물론적 자연철학에 대립하여 '너 자신을 알라'고 하였다. 즉 삶의 온당한 방법을 아는 것을 지식의 목적이라 했다. 단순한 지식이 아니라 참된 지(知)의 '귀납법', 대화에 의한 '문답법'에서 잘못된 진리에 도달할 수 있다고 하였다.

이는 '아이러니'로서 진리를 찾을 수 있도록 도와주는 산파술(産婆術)이라 칭하였다. 정신주의적이고 관념론적 영혼을 주제로 한 그의 학설은 제자인 플라톤에게 계승되었으며, 저작은 없어도 그의 사상은 플라톤이나 아리스토텔레스의 저작에 나타나고 있다고 전한다.

우리나라 최진석 교수는 '보편적 이념 가치' 특강에서 자유를 위해 경계에 서라. 주체적으로 살기 위해 배우지 말아라. 충고하지도 말고 듣지도 말아라.

자기 자신에 대한 무한 사랑, 신뢰를 주장하였다.

깊은 통찰력으로 짚어 보면 충분히 알 수 있는 대목이다. 즉 스스로 자신을 가꾸고 책임지라는 깊은 뜻이 있다.

살아가는 방식이 저마다 다르듯이 나는 항상 짧은 식견으로 메모하는 습관이 있다. 반절짜리 메모지나 소임을 다한 달력 뒷면을 활용한다. 작품 초고나 명구(名句) 같은 것, 주변에서 주워들은 것, 책에서 얻은 것 등이 질서 있게 차곡차곡 쌓이다가 언제부터인가 뒤죽박죽 헝클어져 있기도 하다. 작품에 인용할 소재를 찾다가 마음에 와닿는 것이 있어 적어 본다. 내가 겪어 온 아주 기본적인 것이다.

서예를 하면서 그 심오한 뜻에 공감하여 많은 것을 배워 간다. 내가 가장 후회하고 있는 글귀가 마음을 아리게 한다. 아들 칠 형제 중 장남으로서 그 도리를 다하지 못했기 때문이다. 더구나 형제 중

어느 한 사람도 부모님의 임종을 지켜드리지 못했음은 물론 어느 며느리 손에 밥 한 끼 제대로 대접받지 못하고 떠나셨다.

수욕정이풍부지 자욕양이친부대(樹欲靜而風不止 子欲養而親不待) 나무는 가만히 있으려 하나 바람이 가만히 있지 못하게 하고 자식이 부모에게 효도하려고 하나 부모는 기다려주지 않는다.

또한 오랜 경험에서 얻은 교훈도 있다. 불결자화휴요종 무의지붕불가교(不結子花休要種 無義之朋不可交) 열매를 맺지 않는 꽃은 심지 말며 의리 없는 친구는 사귀지 말라.

그 외에도 고사성어에서 되도록 말을 줄여 실천하라는 절언선행(切言善行)이나 지나친 것은 미치지 않는 것만 못하다는 과유불급(過猶不及)도 있다. 분수를 지켜 현 위치에서 욕심부리지 말라는 수분지족(守分知足), 그리고 제일 중요한 것은 자기가 저지른 일은 자기가 해결한다는 뜻이 담긴 결자해지(結者解之)이다.

서양 문물에 밀려 막 나가는 요즘 세대들, 그들은 우리 시대를 떠나간 사람들이다. 철저히 개인주의로 기회와 이기에 매달려 널을 뛰고 있다. 한국식 민주주의가 필요했다느니 샴페인을 너무 일찍 터트렸다느니 하며 후회해 봐야 이미 돌이킬 수 없는 강을 건너고 말았다. 이것이 말세의 징조 아닐까 싶어 심히 우려된다. 자유라는 것, 무한정 자유라는 것도 지나치면 파국을 몰고 온다는 사실을 알아 가는 요즘이다. 제도적인 법(法) 테두리 안에서 조화로운 자유를 구가하기를 바라는 마음 간절하다.

"너 자신을 알라"

독백

오월의 짙푸른 녹음 앞에 서면 옛날이 오롯이 생각난다.

별빛이 배어들고 달빛이 흘러들어 그리도 반들거리던 무수한 잎새. 짙은 숲을 대하고 서면 침울하고 으스스 한기를 몰고 오다가도 그늘에 들면 오히려 포근한 안정감을 맛본다.

헐벗은 가지들이 출렁이던 산섶. 바람에 매만 맞다가 계절의 형틀을 벗어 던지고 몽글몽글 새싹 피워 살찌게 한 완성품. 인간이 하는 일은 모두 미완성이나 자연은 완성품을 창조해 낸다. 이파리 사이사이에 매단 꽃등과 꽃봉오리에서 활짝 피어나는 꽃잎은 자연이 만들어 낸 완성품이다.

녹음이 우거진 유월, 6·25 기념 전 '충무 학생백일장대회'에 참가했던 고교 시절. 「녹음」이란 제목을 받고 그늘을 찾아 시상(詩想)을 떠올려 본다. 파릇파릇 잔디처럼 가지에 물올라 어느새 무섭도록 그늘을 드리운 녹음.

고교 2학년 가을 소풍 때 교내 백일장대회에 내밀어 본 것이 인연이 됐다지만 누구의 가르침도 받지 못했던 서툰 목청으로는 도저히 표현할 길이 없다.

무수한 나뭇잎은 때마침 불어오는 바람결에 파르르 몸을 떨면서 소리소리 지르고 있다. 어디서 먼-먼 몸부림과 함성이 밀려오는 듯하다. 저편 잔디밭에는 푸르고 붉은빛, 그리고 노란빛으로 물들어 있고 그 옆에 울긋불긋 키 작은 꽃들도 피어 있다.

아! 그렇다. 이것은 6·25사변 때 숨진 영혼들의 몸부림이며 넋이다. 한 치의 땅도 버티어 지키던 그 숭고한 충절. 피 흘리며 쓰러지던 몸뚱이를 일으켜 세울 무렵 얄미운 포탄은 살점 죄다 나뭇가지에 걸고 선지피 흘러 흘러 산에 들에 고였다. 세월 따라 살점은 무수한 잎들로 자라 숨 쉬고 흩어진 선지피는 꽃으로 피어났다.

목이 터지도록 불렀던 조국 산하 '대한민국 만세, 조국이여 영원하여라.'라고 외쳐 대던 그 함성들이 나뭇잎 사이를 비집고 몰려오는 것이다. 빛나는 태양, 잊을 수 없는 고향산천, 숨져 가며 염원하던 조국 광명을 다시 보려고 온 것이다.

나의 상상의 세계는 이렇게 비약해져서 다듬지 못한 서툰 글이 겨우 선에 들었다. 이것이 계기가 되어 보잘것없는 나의 문학세계가 열렸고, 한때 게딱지처럼 엎딘 작은 생활을 줍고자 이곳저곳 떠돌다가 쌓였던 먼지를 털어 내느라 애쓰고 있다.

지금도 산에 오르다가 양옆으로 침울한 녹음을 만나면, 바람 소리 새소리에 귀가 열리고 한 포기 풀이나 한 그루 나무도 예사로 보이지 않는다.

푸르게 푸르게 살쪄 가던 잎새도 가을바람 앞에 더러는 약한 놈도 있나 보다. 오솔길 따라 아침마다 산에 오르다 보면, 어느새 잎새는 늙고 병들어 어느 놈은 피를 토하여 산을 태우고 어느 놈은 누렇게 비틀거리고 있다. 은행잎은 먹물 번지듯 서서히 채색되고, 단풍잎은 부끄럼 많은 새색시의 뺨처럼 손끝부터 붉어져 온몸을 태운다.

어느 바람 불고 비 온 날 뒤, 병든 영혼들은 몸 져 땅에 눕고 가지엔 아직도 살아남은 가을만 대롱댄다.

언젠가 우리도 어차피 가야 할 본향. 피고 지고, 지고 피는 것이 자연의 섭리이거늘 다시 만남을 위해 뒤돌아보지 말자.

(1985)

4

달그림자

내 영원한 고향, 통영

나는 내 고향 통영을 사랑한다. 그래서 지금까지 이곳을 쉬 떠나지 못하고 맴돌고 있나 보다. 한때 직장 따라 경향 각지로 일시 출타한 적은 있어도 오래 머물지 못했다. 그때마다 잠시 잠깐 외출한 기분으로, 또는 여행한 것으로 생각한다.

일찍이 바닷가 마을에서 태어났기에 자나 깨나 확 트인 해원(海原)과 파도 소리, 바람 소리와 함께 살아왔다. 지금도 바다와 더불어 삶을 건져 올리고 있다.

오늘도 도회로 나갔다가 돌아오는 길, 여객선 후미에서 쏟아내는 포말을 물끄러미 바라보며 상상의 나래로 빠져든다. 하얀 거품들이 꼬리를 비틀며 몰려오다가 사라지기를 반복한다. 백사(白蛇) 떼가 우르르 엉켜 달려 나와 나를 향해 솟구치다가 멀어져 가고, 아니 천군만마의 백마가 날뛰는 형상이다. 어찌 보면 자유를 위해 운집한 군중이 깃발을 흔들고 함성을 지르는 모습이다. 설원(雪原)을 질주하는 썰매 떼가 연상되기도 한다.

아 이 후련함, 인간이 바다를 지배하고 있다는 게 감개무량하다.

우리 통영은 남으로 우뚝 솟은 미륵산, 동으로 한산섬과 거제도가 대양을 둘러서서 앞바다는 바다라기보다 하나의 큰 호수처럼 정겹다. 적당한 굴곡의 선으로 다듬어진 해안, 잔잔한 물결, 청람빛 물빛, 거기에 둥근달이 뜨면 은쟁반에 광채 나는 구슬을 담은 듯 황홀경에 젖게 된다.

나는 가끔 동충을 돌아 문화마당을 지나서 남망산공원까지 오르곤 한다. 그때마다 느끼는 것은 강구안은 꼭 화병처럼 생겼고 거기다 거대한 꽃 무더기를 거느린 미륵산이 넘치게 꽂혀 있다는 생각이 든다. 꽃과 화병 사이로 한려수도가 은하 되어 흐르고 물안개가 스멀스멀 피어올라 구름처럼 감기면 한 폭의 그림, 무릉도원이 따로 없다.

한가한 날 은행잎이 노랗게 물든 용화사 앞뜰에서 목을 축이고 관음사, 도솔암으로 오르는 산책 코스나 미래사 가는 길은 심신단련을 위한 휴식 공간의 유일한 자원이다. 미륵산 정상에서 보면 멀리 고성만은 겹겹이 산으로 막혀 호젓한 정원 속 작은 연못으로 들어앉아 있고 남으로 연(蓮)잎처럼 떠있는 섬들이 올망졸망 손을 잡으며 술래잡기를 하는 듯하다. 어떤 이는 대양으로 이어지는 쉼표라고 표현했지만, 한편으로는 징검다리나 건반으로 느껴져 톡톡 건드리면 감미로운 선율의 음악이 흘러나올 것 같다. 명경지수 맑은 수면 위로 갈매기 날고 산자 수려한 풍광은 꿈꾸듯, 자는 듯 그림같이 누웠다.

나폴리라는 곳이 절경이어서 세인의 이목을 집중시킨다고 하지만 내 고향 통영은 동양의 나폴리라는 이름에 걸맞게 미항(美港)으로 가꾸어지고 있다.

뱃길로나 차를 타고 한실의 해안선을 둘러보면 안다. 산양일주도로를 완주하고 나면 서울의 스카이웨이보다 낫다는 찬사를 받는다. 마리나콘도에서 바다를 내다보며 맞는 일출이나 달아공원에서 바라보는 일몰의 광경은 신비로워 감탄사가 절로 나온다.

전국에서 기후가 제일 온화한 곳, 연중 눈을 보기 힘들고 엄동설한에도 얼음이 어는 날이 드물다. 더구나 남해안은 간만의 차가 완만하여 이곳 해산물이 전국에서 1위로 꼽힌다. 하루 두 번씩 교차하는 밀물 썰물에서 유영하는 어류들은 군살이 붙지 않아 그 맛이 독특하단다. 전복, 소라, 해삼, 홍합, 조개, 고동 등 어패류는 물론 미역, 김, 파래, 청각, 톳, 우뭇가사리 등의 해초들도 맛과 질이 타지역의 추종을 불허한다.

어자원이 풍부하여 한때 부(富)를 구가하던 수산도시, 어업 전진기지의 힘찬 박동으로 활기 넘쳤던 통영, 이제 그도 사양길에 접어들어 어민들의 이마에 주름살만 더하는 각박한 현실로 다가서고 있다. 그 흔했던 어자원은 모두 다 어디로 갔을까. 축항 밖에서 갈치를 낚고 모래톱에서 봄 멸치 떼를 주워 올렸던 그 시절, 수초나 암초 사이에서 볼락을 후려 올리던 손맛 하며 얕은 머들 밭에서는 노래미, 술멩이, 꺽더구, 소래미가 바구니를 가득 채워 주었고 썰물 때 갯가에서 군수, 털게, 문어, 낙지를 수월찮게 건져 올렸었다. 봄 도다리,

가을 전어하며 숭어 떼가 내만 깊숙이 몰려오던 곳, 물안경을 쓰고 지천으로 널려 있는 우렁쉥이(멍게)를 따러 잠수하면 주위를 선회하는 망상어, 감성돔, 도미, 볼락, 때로는 혹돔무리들도 같이 놀아 주었었다.

아 그러나 그건 옛말, 지금은 아련한 추억 속에 머물고 있을 뿐이다. 세월 따라 어자원은 아침의 서호시장과 저녁 시장인 중앙시장에서 하루를 마감한다. 해산물의 주산지라 싱싱한 생선들이 선도 좋게 살아 파닥이고 굴, 홍합, 바지락을 까고 있는 노모들의 손끝에서 삶의 애환이 묻어나고 있다. 비릿한 일상이 보여주듯 통영 사람들은 생선이나 해산물이 없으면 한 끼 밥도 먹지 못한다.

옛날 한적했던 갯촌에 지나지 않았던 통영, 지금은 새로운 면모의 문화도시로 탈바꿈하고 있다. 시민들의 휴식 공간인 남망산에 오르면 현대 시설로 그 위용을 자랑하는 시민문화회관, 그 옆구리를 돌아가면 국제조각공원이 길을 안내한다. 산 정상에는 충효의 표본인 충무공 이순신 장군 동상이 한산만을 지켜보고 있다. 수향정에 올라 한려수도를 굽어보면 한산대첩을 승전으로 이끈 한산도 제승당, 수루가 여기라고 거북등대가 손짓한다. 서쪽으로 바다 밑에 숨어 숨쉬는 해저터널. 그 위로 충무교, 뒤로는 노래하는 환상적인 무지개다리(통영대교)가 저녁놀에 취해 낯을 붉히고 섰다. 특히 이곳에서는 밤이면 더욱 현란한 조명등에 매료되어 정신을 잃는다. 멀리 북포루 그 아래 세병관, 충렬사가 지난날의 역사를 대변하듯 우뚝 섰고 한여름 더위를 씻어주는 비진해수욕장, 신비의 섬 매물도, 연화도인이 머물다 간 연화도, 사량도 옥녀봉, 갈매기섬 홍도 등 볼거리도 많다.

지형이 좁아 더는 발전 가능성이 없는 척박한 땅에 그래도 여객선 터미널광장에 대형 행사장이 마련돼 있다. 강구안 문화마당에서는 주말마다 각종 문화예술 행사가 열리고 문화회관에서도 정신적 산물인 창작품 감상으로 문화 향수를 누릴 수 있게 됐다. 예향이라는 이름답게 청마문학관, 청마거리, 윤이상거리가 생겨나고 세계적인 음악제도 유치한다고 하니 그때에는 또 다른 조명을 받으리라.

앞으로 해양박물관 건립과 도남단지 조성으로 미륵산 케이블카가 등장하고 통제영 12공방이 복원되고 나면 새로운 관광명소로 부상하게 될 것이다. 또한, 안정공단이 완성되고 북신만 매립지와 죽림에 신도시가 건설되면 보다 살기 좋은 풍요로운 도시로 변모하지 않을까?

우리는 이러한 은혜로운 고장에서 숨 쉬며 생활하면서도 피부로 느끼지 못하고 사는 것 같다. 귀한 것도 곁에 두고 늘 보아 오면 귀한 줄 모르듯이 무덤덤하게 지내고 있지만, 내 고향을 처음 찾는 사람들에게는 이상형의 도시쯤으로 비치지 않을까.

그러나 그 뒤엔 숨은 애향심의 발로에서 노심초사하는 지극 정성이 있었으리라. 이를 가꾸고 설계하는 자, 내 몸같이 사랑하고 아끼는 애정이 없으면 이룩하지 못할 큰 역사를 이끌어 내는 사람들, 그들은 누구인가 한번쯤 생각해 볼 일이다. 문화예술은 문명과 병행하며 때론 앞서간다. 삶이 아무리 급박해도 문화 향수쯤은 누리고 살아갈 일이다.

추한 얼굴은 성형 수술하여 아름답게 만드는 세상이지만 내 고향 통영은 생긴 그대로 은은한 화장에다 장신구를 하나씩 갖추어 가고 있을 뿐이다.

머지않아 동백꽃 피고 병꽃과 풍난의 향이 천지 사방으로 추파를 던지면 그때에는 나는 갈매기 나는 청정해역 어디쯤에서 배 한 척 띄워 신선처럼 낚시를 드리울 것이다.

밤이 깊어 삼경인데 옛 기억의 샘에서 만선의 노랫소리가 환청으로 들려오고 심야의 하모니 '찹싸알 떠억' '야악 바압' 소리의 여운이 길게 메아리친다.

흔적 없이 소멸되는 포말 같은 언젠가는 사라져갈 우리 인생, 이 생명 다할 때까지 사랑하는 잊지 못할 고향, 그 이름 통영, 통영, 통영.

전국의 애향 벗님들, 그리고 글벗님들, 정녕 통영을 아시나요?

(2001)

그 친구

연일 열대야가 극성을 부린다. 제대로 되는 일이 하나도 없어 선풍기 바람만 맞고 있다가 설핏 잠이 들었다. 얼마나 지났을까? 선잠에서 깨어나 멍한 생각에 젖어 있다. 비몽사몽간에 다정다감했던 친구 내자와 만나 이런저런 진지한 대화를 나눈 것 같은데 도통 어떤 내용인지 기억이 나지 않는다.

이미 40년 가까운 세월이 흘렀다. 젊음의 전성기를 넘기고 중년기로 접어든 시점으로 우리는 앞날에 대한 새로운 사업을 구상할 그런 단계였다. 어떤 목표와 세부적인 계획도 없이 해거름이 되면 스스럼없이 만났다. 그는 우리 고장 유일한 프로기사에다 낙천가, 애주가였다. 바둑을 빼고 나면 다른 취향은 나와 닮은꼴이 많았다. 주량도 비슷해서 취기가 오를 때까지 끝장을 봤다. 1차 2차 3차 한창일 때는 4차 5차까지도 가능했다. 통금이 있었던 시기라 밤 12시가 넘으면 주점에서 쫓겨나 길거리 포장마차에서 마무리했다. 소상인들 영업이라 순경들도 눈 감아 줬다. 그래도 그 친구와 나는 취기가 있어도 술 치정(실수)은 안 한다. 동이 틀 때까지 마시다 보면 청소미화원이 거리를 쓸고 있을 때도 있었다. 단골집도 생겨 만취 상태에서는 통금이 지나면 같이 널브러져 자기도 했다. 그는 양주 도매상을 경영했기에 거래처 주점에서 외상도 통했고 나는 직장에서 받아낸 급여로 서로 번갈아 가며 술값을 충당했다. 한동안 거의 매일 어울렸다. 그러는 동안 구상했던 새로운 사업도 해 봤지만, 그도 나도 실패로 끝나고 말았다. 술에 원수진 것도 아니지만 이것도 저것도 안 되니 원통함을, 분함을 희석시켜 삼키는 것이 일과처럼 되어 버렸다. 하여튼 둘은 무슨 일을 하든지 죽이 맞았다. 우리 사이에는 어떤 이기도 끼어들지 못했다.

그런 친구가 내자와 자식을 남겨두고 간 지 강산이 몇 번 바뀌었다. 바둑 고수가 되려면 포석 과정에서 선수(先手)로서 큰 곳부터 먼저 두고 작은 것은 버리더라도 큰 것을 노려 집을 크게 경영해야 하는데 항상 하수들은 소탐대실하게 마련. 그럴 때마다 국양아~ 국양이 그것밖에 안 되느냐 하며 핀잔을 주던 친구, 그때나 지금이나 바둑 수는 늘지 않고 제자리걸음.

그러나저러나 꿈속에서 그의 내자와의 상봉은 처음인 셈인데, 그동안 잊고 지낸 세월이 무정 무심했던가, 혹 그의 기일이라도 도래했는지 알아봐야겠다.

그의 내자와 아이들에게 조그마한 도움도 주지 못하는 나는 어쩌면 배은망덕한 사람으로 치부해도 할 말이 없다. 나에게 주어진 모든 여건이 허락지 않음으로 인한 일이었기에 더욱 초라한 자신을 꾸짖어 본다. 기일을 알아서 늦게나마 정중히 한잔 올리고 싶다. 극성 더위 속, 오늘따라 그 친구가 몹시 그립고 보고 싶다.

오늘은 시원한 냉 막걸리라도 한 사발 해야겠다.

은파(銀波)

뭐니 뭐니 해도 가장 정직하고 허무한 게 세월밖에 없나 보다. 엊그제 새천년을 맞는다고 야단이더니 언제 겨울이 가고 봄이 왔는지 요즘은 온 산천이 꽃과 잎으로 덮여 가고 있다.

삶의 기준이 사람 따라 다르겠지만 아웅다웅 살아봤자 결국은 원점으로 되돌아가는 진리 앞에 새삼 인간 무상을 느낄 뿐이다.

다시는 그 샘물을 먹지 않을 듯이 청운의 꿈을 안고 도회로 나갔다가 연어처럼 귀소본능이 발동한 것일까? 세상만사 단맛, 쓴맛 다 보고는 늘그막에 내가 고향에 다시 올 줄은 몰랐다. 사람 사는 것은 어디나 마찬가지겠지만 지적으로 보나 생활 수준으로 보나 자기 조건에 맞는 삶을 살아가는 사람은 행복하다.

사람답게 사는 일, 그것은 오랜 풍상과 시련을 이겨낸 결과에 기인한다. 보고, 듣고, 느끼고, 배운 것을 마음 깊이 잘 갈무리해야 성숙된 인간미를 풍기는 것이다. 많이 배우고 세월 따라 나이만 먹는다고 해서 다 이루어지는 것은 아니다. 똥도 먼저 나온 것이 눌려지는 법, 그러니까 참고 져주는 것이 이기게 된다는 철칙을 뒤늦게야 알게 된다. 벼가 익으면 고개를 숙인다고 하듯이 나도 중용을 터득해 가고 있는 셈이다.

꼭 필요한 말과 행동, 하지 않고는 못 배길 일들만 골라서 한다는 게 쉬운 일은 아니다. 그러나 가깝게 접근하도록 노력하다 보면 알게 모르게 근사치에 이르게 되고 실천 가능해지는 법이다. 하고자 하는 자는 방법을 찾고 하기 싫은 자는 구실을 찾는다고 했던가.

신체 조건도 왜소하고 책상머리에만 앉았던 사람이 장골도 벅찰 일을 감당해 내고 있으니 내가 생각해도 신기할 따름이다. 이럴 때 일체유심조(一切唯心造)란 뜻에 맞는지 모르겠다.

도심에서는 내가 할 마땅한 일이 없었다. 명절 때 한두 번 곁눈으로 훔쳐본 것이 나의 본업이 될 줄이야. 해상 가두리사업(축양장) 0.25ha, 남들은 직원을 채용하고 처자를 동원해서 협동으로 하지만 나는 단신으로 5년을 했다면 누가 믿어줄까? 마을 사람들은 보통 악질이 아니라고 혀를 내두른다.

처음엔 3일도 못하고 그만둘 걸 하고 코웃음 친 사람들이다. 그러나 나는 해내고 있다. 그리고 보람도 느낀다. 먼바다에 나가지 않아도 그물 안에서 고급어종을 마음대로 생산해 내니 말이다. 양식업을 처음 시작할 때는 멋모르고 했으나 하고 보니 암담했다. 시설물 설치, 그물 준비, 그물 갈이, 기계 다루기, 치어 입식(稚魚入殖), 사료 주기, 성어(成魚) 출하 등 그물코가 하나만 터져도 안 되고 닻이 약하거나 끊어져도 안 된다. 그물 갈이는 3, 4개월 만에 해야 한다(굴, 홍합, 미역, 파래, 미더덕 등, 오만 잡물이 붙기 때문에). 4, 5센티미터 되는 치어를 2년여 키워야 500그램 이상 되는 성어가 된다. 사료(飼料)도 고등어, 메가리, 꽁치, 갈치, 전어, 멸치, 명태, 준치, 오징어, 심지어 살을 발라낸 뼈며 내장까지 어류라면 다 통용된다. 식용으로도 부족함이 없는 큰 어류들이 치어의 먹이로 사용되고 있다는 게 아이러니한 일이다. 또 항생제, 소화제, 간장약, 영양제 등을 투여하여 건강하게 키워야 상품 가치를 인정받는다. 적조(赤潮)가 와도 걱정, 태풍이 불어와도 걱정이다. 이렇게 하여 살아남는 것이 60~70%만 돼도 성공적이다.

어장에서 해가 져야 귀가하게 되고 몸을 씻고 저녁을 먹고 TV 뉴스를 보다가 그대로 잠들어 버리는 게 예사가 됐다. 그래도 옛날 버릇은 남아 있어서 짧게는 서너 시간 길게는 대여섯 시간 자고 나서 책을 읽거나 몇 줄 글도 끄적인다. 그러다가 밤이든 새벽이든 시도 때도 없이 휑하니 선창가로 나간다. 이것이 요즘 일과의 전부이다.

삼경쯤 되었을까. 오늘 밤은 창틈으로 스미는 달빛이 유난히도 밝다. 읽던 책을 덮어 두고 선창가에 나왔다. 죄었던 숨통이 트이는 것 같다.

은파, 너와 마주하고 있으면 옛날이 소롯이 살아난다. 드넓은 해원(海原)에 반짝반짝 빛나는 너를 만나면 온몸에 전율을 느끼며 아하! 하고 절로 탄성이 나온다. 심호흡을 거푸 하며 장래에 대한 포부와 약속도 그 속에 묻는다. 거기엔 무언의 대화와 밀어가 있고,

낭만이 있고, 사색이 있고, 꿈과 사랑이 있고, 형언할 수 없는 감동이 샘솟는다. 무아의 경지 안개 속 미로를 헤매듯 혼자라도 좋다. 방싯방싯 눈부신 꽃들이 피어나고 날갯짓하는 나비 떼도 난다. 물결 속에 하나하나 떠오르는 모습, 학창 시절 학우들의 모습이며 자식을 바다에 묻고 '우야꼬 우야꼬' 활화산처럼 타는 가슴 쥐어뜯는 절규에 찬 노모의 한숨 소리도 듣는다. 밤샘하고 놀다 할아버지의 성화에 못 이겨 바다로 나갔다가 불귀의 객이 된 친구와의 애절한 이별도, 세상을 비관한 어느 여인의 쓰라린 사랑의 연가도 환청으로 들리는 듯하다.

그동안 살아오면서 돈 없고 배경 없으면 충직하게 일해도 패배할 수밖에 없는 사회 구조의 현실을 실감했다. 나 자신 그로 인해 얻은 게 없는 건 아니다. 세월을, 분함을 날마다 술에 타서 마셔댔다. 낮에는 기원에서 밤에는 술집을 들락거렸다. 주체할 수 없이 늘어난 음주 실력, 주종(酒種)은 못 하는 게 없고 주량도 과히 프로급이다. 음식도 혐오 음식 몇 가지를 제외하곤 못 먹는 게 없을 정도. 어떤 모임이나 행사 후에는 맹숭맹숭한 기분으로 헤어지면 그렇게 서운할 수가 없다. 나의 삶이 어느덧 갑년을 맞았지만, 하루 24시간 1년 365일을 시간으로 계산하면 8,760시간이고 30년을 하루 8시간씩 일했다고 본다면 87,600시간이니 10년 삶의 시간일 뿐이다. 게다가 공휴일 병든 날 하릴없이 소일한 날을 제하고 나면 과연 몇 년이나 될까? 더구나 나의 입장에서는 방랑, 유랑, 허송세월의 허드레 삶을 빼고 나면 단 3년도 못 된 삶이다.

그러나 어쩌랴. 세상일이 어디 마음먹은 대로 되던가. 잘 살고 못 살고는 제각기 동기 부여에 기인 된 것이겠지만, 어느 누구도 행복한 삶을 살아간다고 꼬집어 말할 수는 없는 일이다. 늦었으면 어떻고 없으면 어떤가. 날짐승, 길짐승이 어디 정해 놓은 제집이 있고 식량을 턱없이 비축해 놓던가. 비바람을 피하는 곳이 제집이고 허기를 그때그때 해결하며 살아가지 않던가. 이게 바로 자연의 섭리 아닐까?

쏴―아 바람이 분다. 숱한 애환과 전설을 잠재워 두고 그 한 많은 바다에 온 세상이 다 들어앉은 듯 거대한 삶의 현장이 펼쳐진다. 반짝반짝 불을 밝히며 바다가 넘치도록 창을 연다. 어느 창틈으로는 환희의 웃음이 번져 나고 어느 창에서는 고된 한숨 소리가 넘나든다. 작은 몸짓으로 소곤대다가 때론 섬광처럼 번뜩이는 칼날을 지녔고 지고지순한 성정도 가졌다.

나의 삶이 암담한 시련기를 거쳐 여기까지 헤쳐 왔듯이 너를 잉태하기 위하여 한 생을 마감한 낙조가 각혈로 쓰러졌고 산자락 갯가에는 옥가루보다 더 휘황찬란한 시거리(야광충)가 눈이 시리도록 몸부림쳤다. 구름 걷어내고 숨 가쁘게 달려온 만월(滿月)의 산고는 더욱 눈물겹다.

진실하게 엎드려 살다가 잃어버린 세월이 얼마나 많은가. 그 숱한 세월 뒤에 이를 이용하여 교묘히 살아온 사람들, 부와 권력, 명예와 지위 하지만 나는 그런 것엔 관심이 없다. 다만 주어진 나의 일에

충실할 뿐이다.

인간들의 끝없는 욕심 탓에 자연생태계가 파괴되고 땅도 황폐해졌고 바다도 중병을 앓고 있다. 예년에 없던 장기간의 적조며 그 흔했던 정착성 토종 볼락이 한 마리도 안 보이고 양식장에는 등이 굽고 S자로 휜 기형이 생겨난다. 날이 갈수록 성장도 무디어지고 원인 모를 불치의 병도 나타난다. 밤에는 황새와 왜가리 떼가 진을 치고 사료 주는 낮에는 갈매기, 까치, 까마귀 떼들이 그물 안에까지 덤벼든다. 그 흔하던 먹잇감이 사라진 것일까.

누가 뭐라 해도 나는 수천수만의 자식을 거느린 부자다. 오늘도 나는 우의와 장화를 신고 수많은 자식에게 줄 사료통을 끌고 있다.

눈과 귀를 막고 세상을 등지고 살아도 생활이 안정될 때까지 나는 이 일을 계속할 것이다. 그런 후에 내가 추구하는 본연의 임무에 복귀하면 그로서 그만이다. 그때에는 이용당한 시간만큼 되려 이용하며 살아갈 것이다.

마지막 내게 주어진 기회, 이를 위해 나는 차마 한눈을 팔 수 없다. 그래서 세상과도 단절해야만 했고 화려한 꿈과 야망을 접어두고 동반자의 대열에서도 잠시 이탈해야만 했다.

그러나 이제는 정년 없는 직장도 마련했고 비록 남이 알려주지 않더라도 남은 삶을 위한 나만의 유토피아를 건설해 가고 있는 중이다. 물 위에 드러난 빙산보다 잠겨 있는 면적이 몇십 배 더 크다는 사실을 아는 사람은 알 것이다.

쏴-아 하고 다시 한 줄기 바람이 인다. 일제히 빛나는 손을 흔들며 환호하는 몸짓, 외롭고 무료할 때 누군가 보고 싶고 그리울 때 나는 언제나 선창가에 나가 앉아 망부석이 된다. 거기서 위안을 얻고 시심(詩心)도 불태웠었지. 너는 변함없이 창을 열고 속삭여 주었지. 때론 발밑에서 부딪치기도 하면서 찬란한 만남을 미련 없이 소멸시키는 방법을 일러주었지. 이 시간 너를 사랑한 모든 분들과 먼저 간 불귀의 원혼들께 명복을 빌어드리고 싶다.

인간들이 아무리 욕심을 부려본 들 '산은 산이요, 물은 물이라'는 성철스님의 교훈을 알까 모를까. 지구가 마지막 순간을 맞을 때 천지 만물이 산화해서 다 없어진다 해도 남는 것은 결국 흙과 물이 아닐는지.

자연이 이렇게 아름다울 수 있는 것은 그래도 우리가 살아 숨쉬기 때문이다. 가장 낮은 곳에서 언제나 다소곳이 너만의 빛을 발하는 오! 은파여. 영원하여라.

(2000년)

고향이란

인간이면 누구나 고향이 있다. 북에 두고 온 고향이 있는가 하면 멀리 떠나온 고향, 그대로 눌러앉은 영원한 고향, 여기저기 떠돌다가 태어난 곳도 자란 곳도 일정치 않은 고향이라고 확정 지을 수 없는 고향을 가진 사람도 있다.

아무 곳에나 정 붙이면 산다지만 그래도 짜릿한 감동의 어릴 적 기억은 항상 뇌리에서 생생하게 맴돌고 있다.

사전에서의 고향에 대한 정의는 첫째 자기가 태어나 자란 곳, 둘째 제 조상이 오래 누려 살던 곳이라 기록되어 있다. 나는 여기에 대한 의문이 풀리지 않는다.

전자는 태어나 자라난 곳이라 했는데, 태어난 곳이냐 자란 곳이냐 둘 다냐가 문제다. 사람이 태어난 곳에서만 살 수 없고 태어난 곳에서만 향수에 대한 진한 추억을 가질 수 없기 때문이다. 태어난 곳과 자란 곳이 서로 다르다면 과연 고향이 어디냐 그래서 항간에는 안티

본이 어디냐는 말도 등장하게 됐나 보다.

후자의 제 조상이 오래 누려 살던 곳은 아마도 조상의 고향이지 자기의 고향이라 함은 모순이 아닐까. 어떤 날 이 문제로 갑론을박한 일이 있었는데 태어나 1~2년도 안 돼서 다른 곳으로 이주해 자랐다면 태어난 곳의 기억은 기록이나 구전(口傳)이 아니면 알 수 없는 일이다. 그렇다면 태어난 곳도 문제다. 만일 여행 도중 찻간에서 태어났다면 고향이 찻간이 되겠는가고 억지를 부려 본 일도 있는데….

분자, 원자로까지 세분한다면 맞는 말인지는 몰라도 그건 너무 억지 같다. 자기 부모의 현 거주지가 태어난 곳이 아니겠는가? 이렇게 볼 때 태어난 곳만 가지고는 불충분하다.

고향이라면 적어도 어릴 적 기억을 떠올릴 수 있어야 한다. 뒷동산에 올라 연도 띄우고, 피비도 뽑고 칡뿌리도 캐고, 머루·다래·산딸기를 따 먹어 본 일, 메뚜기도 잡고 뻔질나게 치달리던 오솔길, 냇가에서 물장구치며 멱 감던 일, 볏단·보릿단 속에서 술래를 피해 숨어 있다가 멋모르고 잠들었던 일 등등의 기억이 생생히 살아 숨 쉬어야 한다.

태어난 곳이 그리 중요하지 않고, 지울 수 없는 추억을 간직한 동심의 세계 그 꿈을 키우며 자라난 곳이 더 중요하다고 할 수 있다.

어린 시절을 한 곳에서 보내고 어른이 되어 이주해 산다면 아무래도 고향을 어릴 적 살던 곳이라 할 것이다. 그러나 어린 시절의 추억을 비슷하게 여러 곳에서 겪었다면 문제는 달라진다. 여기에서 어린 시절이라함은 20세 전반으로 봐야 할 것이다.

살다 보면 제2, 제3의 고향도 있게 마련이지만 자기의 조상이 오래 머물러 살다 숨지고, 자기가 태어나서 어린 시절을 수놓았던 그런 고향을 정녕 못 잊는 것은 인간 본능일까. 그래서 향수에 찌든 사람들은 자기 고향을 쉬 떠나지 못하고 맴돌고 있는 것인가 보다.

우리가 숨 쉬고 있는 이곳은 한반도의 최남단, 기후 좋고 인심 좋기로 소문난 곳이다. 한려수도의 관문, 그 수로(水路)를 따라 어디를 가나 절경이 줄을 잇고 달빛에 젖어 반짝반짝 빛나는 은파를 대하고 서면 모든 시름이 일시에 사라진다.

동양의 나폴리 충무, 한적했던 갯촌은 어느새 빌딩 숲으로 가려지고 있다. 딱지치기, 구슬치기, 연날리기를 했던 옛날의 소방서 뒤편 작은 동산과 운동장도 없어졌고 동충 끝 유일한 낚시터나, 벅수도 3년이면 말을 하고 걸어 나간다는 일화도 사라진 지 오래다. 그러나 우리는 이 모든 일들을 뇌리에서 지울 수 없는 추억으로 간직하고 있다.

더구나 우리는 태어난 곳에서 그대로 눌러앉았거나 어디서 흘러들어왔거나 현재 같은 지역, 그것도 같은 동에서 추억을 수놓으며 집단생활을 하고 있다. 전국을 치더라도 4천만 대 1, 우리 고장의 경우 8만 대 1의 비율, 아주 가깝게는 우리 동 인구수 분의 1로 어깨를 맞대고 살고 있다. 이는 실로 불가에서 말하는 엄청난 인연을 맺고 있는 셈이다.

본향이든, 제2, 제3의 고향이든 정붙이고 살면 고향인 것을…. 여기서 영원한 추억을 간직하고 싶어짐은 지나친 욕심일까. (1987)

소지 알바람

푹푹 찌는 더운 날, 기다려지는 것은 시원한 바람 한 줄기다.

길을 가거나 그늘에서 쉬고 있거나 들녘에서 일하다가 시원한 바람 한 줄기 만나면, 이곳 사람들은 어휴 시원한 것, 어디서 '소지 알바람'이 불어오나 하고 감탄을 연발한다. 그만큼 학수고대하던 귀한 바람이어서 자신도 모르게 내 지르게 되는 감격과 희열, 그것이었다.

장마철에 습한 기운을 머금은 끈끈한 바람은 시원치가 않다. 온몸의 끈적끈적한 물기가 가시기 전에는 왠지 개운치가 않고 불쾌감만 유발해 짜증만 난다. 햇볕 쨍쨍 내리는 불볕더위에 시달리다가 청수 같은 바람, 그것은 약방의 감초 같은 것이다.

'소지 알바람'이란 소지도 근해에서 부는 바람인데, 소지도는 내 고장 통영의 남쪽 바다 욕지도 연화도 방향으로 가다 보면 소지도, 국도, 좌사리도 치리, 홍도 등의 크고 작은 섬들을 만난다. 그중 하나가 소지도다. 필리핀 근해에서 태풍이 만들어져 멀리까지 불어오듯, 그곳에서 일어난 바람은 먼바다 영향도 있지만 크고 작은 섬들을 돌고 돌아 청정 바다 위에서 뒹굴면서 시원한 바다의 기운까지 날라와 시원하기 그지없다.

기계문명이 발달하기 전, 옛날 우리 선조들은 풍선을 타고 먼바다까지 나가 노 젓고 그물 당기고 낚시 드리워 물고기를 잡으면서 땀을 흘릴 때, 때마침 불어주는 바람은 구세주 같은 것이었으리라. 선박운행도 바람을 이용했다. 또 보리타작, 벼 타작, 콩 타작 뒤의 알곡을 가려내는 데도 바람은 한몫했다.

'소지 알바람'은 강하지도 여리지도 않은 은은함으로 더위를 도려내는 칼바람의 마력을 지니고 있다. 샛바람, 된바람(삭풍), 마파람, 갈바람(하늬바람) 등 사시사철 철 따라 부는 바람도 제구실을 하고 있지만, 때로는 불편을 안겨 주기도 한다. 그러나 바람은 세상의 삼라만상에 없어서는 안 될 꼭 필요한 것이다. 태풍이 우리에게 피해를 준다고 하지만 바닷속을 청소해서 새롭게 태어나게 하기 위한 정화 작업을 하는 유익한 것이다.

이 바람들이 세상의 구석구석을 정화하고 있을 때 기척 없이 나타나는 '소지 알바람'은 우리들의 심신을 정화하는 가뭄에 단비 같은 존재이다. 짜증과 더위와 갈증을 한꺼번에 해결해 주는 사탕수수 같은 달콤한 바람.

올여름, 곁가지 허접쓰레기 같은 바람 다 물리치고 양파 속 같은 때 묻지 않은 '소지 알바람'만 마냥 불어 왔으면 좋겠다.

(2018)

내 고장의 묻힌 소식들

내 고장, 통영의 명동을 여러분들은 아시나요? 그러니까 무전동, 죽림 신도시 등이 생겨나기 전에는 구도심 시내 항남동 일대(주로 오행당 거리)를 통영의 명동이라 불렀다. 구한말 자유당 시대를 기점으로 일본과의 밀수가 성행하여 전국에서 유행을 제일 먼저 탄 곳으로 서울과 맞먹는 수준급으로 유명세를 누렸다.

특히나 군청(도천동), 읍사무소(서호동), 소방서(항남동), 경찰서(중앙동), 법원, 검찰청, 세무서(문화동), 우체국(중앙동), 세관(항남동) 등의 행정관청이 집중돼 있어서 모든 상권이 구시내 전역에서 이루어졌다. 일제 밀수품 중에는 가죽잠바, 사쿠라잠바, 주름치마, 비누, 향수, 나일론 양말 등이 인기 품목으로 자리매김했다.

더구나 주름치마는 물세탁에도 주름이 그대로 유지되고, 독특한 향으로 만들어진 흑비누며 한 방울만 살짝 뿌려도 며칠씩 향긋하고 고운 멋을 오래도록 살려주던 향수며, 나일론 양말은 금세 구멍이

나는 우리들의 무명 양말과는 달리 질기고 함축미도 좋았다. 도통 다른 세계의 물건을 만난 듯 선호했었다.

그러다가 수산업의 전성기 시절엔 어업 전진기지로써 원양어선, 건착선 등이 활개를 쳐 욕지 등지까지 유흥업의 노랫소리가 끊이지 않았었다.

또 통발업의 성업으로 도깨비 골목을 비롯하여 구석구석 은밀한 다락방 주점들도 판을 쳤다. 거리의 포장마차도 뽈래기 굽고 가오리 무치고 장어, 곰장어를 구우며 지나는 사람들의 호기심을 자극했었다. 항남동 도깨비 골목에서 제일은행 앞의 도로에는 미식가들의 후각을 자극하는 냄새로 가득해 그냥 지나치지 못했다. 이런 호황은 잠시, 지금은 대부분의 상권은 중앙시장, 서호시장 쪽으로 몰려 그나마 명맥을 유지하고 있는 셈이다.

이쯤에서 내가 기억하고 있는 옛날을 회상해 보는 동시에 웃지 못할 촌극 하나를 소개코자 한다. 항남동 지금의 성광호텔 옆으로 경남차부가 있었고, 그 조금 옆 안경점 옆으로 유일하게 밧데리 충전소가 있었다. 처음 케논 사진관 자리가 학생들이 즐겨 먹던 찐빵집, 그 오른쪽으로 두어 집 건너 지금도 현존하는 원조 돼지국밥집, 왼쪽으로는 애주가들의 단골집 민주당 정종집이 있었다. 길 건너편으로 십자당약국, 동화사이다 공장, 영남표구사, 커브길을 조금 돌아 소방서 앞쪽으로 평화여관, 충무도서 앞이 신 씨 목화솜 타는 솜집 공장이 있었고 충무도서 바로 옆, 얼마 전까지도 보경유리(지금은 빵

집) 자리가 일본 적산 가옥으로 내가 중, 고등학교를 졸업할 때까지 6년 동안 살았던 둘째 고모님 댁 장춘당 한약방이었다. 그 바로 옆으로 세전사, 영화당약국, 일심당 아이스께끼집, 길 건너 남문세탁소, 오거리 농협 옆 자투리공원 김춘수 동상이 있는 끝부분쯤 정해주 전 차관 댁인 시대와이샤스 복장사가 있었다. 그리고 고모님 댁 바로 길 건너에 소방서가 있었다. 지금은 리모델링하여 각종 상점이 차지했지만….

그때만 해도(50년대 후반) 시계도 귀했거니와 통행 금지 시간이 있어서 낮 12시와 밤 12시 하루 두 번 소방서 5층 꼭대기에서 사이렌이 울렸다. 그 소리도 위력적이어서 시내 전역은 물론 멀리 도남동에서도 들을 수 있었다. 모든 소식의 안내 방송은 소방서에서 전했다.

11월 3일 학생의 날에는 소방서 2층에서 학생 작품 전시회가 열리기도 했고, 미 문화원이 있어 자유 세계 및 자유의 벗 책자를 얻어 보기도 했다. 또 시골 계몽 유성영화도 보급하고 있었다.

그런데 문제는 지금부터다. 고모님 댁과 충무도서 사이 상부로 오르는 골목길이 다소 가팔라서 골목 높은 곳에서 함석지붕인 지붕 위를 쉽게 오를 수 있는 구조였다. 그 뒤쪽에는 동동주를 파는 과부댁이 살았고 주객들의 고성도 간혹 들었다고 느껴진다.

집집마다 소등을 하고 깊은 잠에 빠져든 시간, 밤 두세 시쯤 되었을까. 오직 희미한 가로등 불빛만이 졸고 있는 캄캄한 그런 밤에 갑자기 도둑이야! 고함소리와 함께 우당탕, 두런두런 소리가 들리더니 이내 잠잠해지면서 소방서 소방관들이 갈쿠리를 들고 설치고 있었다. 영화당 약방에서 도둑을 놓쳤다는 것이다. 분명 집 안에서 금방 사라졌는데 문은 다 잠겨 있고 탈출구는 없는데도 흔적조차 없다는 것이었다. 손전등으로 집 안 구석구석을 살펴봐도 찾지 못했다는 것이다. 그런데 재래식 화장실 변기통 안에서 반짝반짝 빛나는 두 눈과 콧등을 간신히 발견하여 찾아냈다고 한다. 그 도둑은 우선 급한 김에 뛰어들었지만, 나올 때는 어떻게 하여 나올지 생각하고 그런 무모한 행동을 했을까.

후문에 의하면 고숙이 화장실에 갔다가 함석지붕 위에서 고양이 발자국 흉내 같은 소리를 들었으나 예사로 생각해 버렸다 하고, 만일 도둑이 눈과 콧등 위에 낡은 화장지라도 살짝 덮었으면 찾아내지 못했을 것이라고들 입을 모았다.

소방관들은 혹시 간첩으로 오인하여 주머니 등에 쌓였던 똥 덩어리가 떨어져도 비밀 첩보 문서인가 싶어 손으로 휘젓고 물 펌프로 도둑의 옷가지를 씻어주기 바빴다.

아직도 내 유년의 기억 창에 생생히 저장된 일이기도 하다.

나의 데뷔 시절

나는 문인이 되리라곤 꿈에도 생각 못 했었다. 단지 감수성이 예민한 10대 후반, 타고난 소질이었던지 학생 문예부장, 미술부장을 동시에 책임을 맡는 영광을 얻어 온 것뿐으로 유능한 스승의 지도는 물론 개인 사사로 지도를 받은 적도 없다.

더구나 보릿고개의 여파로 참고서, 시집 한 권도 사서 보지 못했다. 그저 교과서에 실린 문학작품 몇 편으로 시름을 달랠 뿐이었다. 『신록 예찬』이나 이은상의 시조집 『조국 강산』에서 「가고파」나 박두진의 「해야 솟아라」 김소월의 「진달래꽃」 노천명의 「사슴」 등을 웅얼거려 보는 게 고작이었다. 그래도 나의 상상 속의 시어(詩語)들은 서로 앞을 다투며 충동질을 했다.

배운 적도 없는 나의 서툰 시편들이 교내에서나 전국백일장에서 입상하게 되고 그로 인해 자신을 얻어 성장하기에 이른다. 만일 사사를 받았거나 좋은 스승을 만났더라면 좀 더 참신한 문인으로 발돋

움했을 것이란 생각이 든다.

이후 일상생활에 잊고 지낸 세월이 20년이 다 되어 고향에서 직장생활 하던 중 옛날 학창시절에 같이 활동했던 친구의 권유로 문인협회 가입을 하게 되면서 차츰 눈을 뜨게 되었다. 수필의 참뜻도 모르면서 신변잡기인 내 생각만 늘어놓는 궤변에 불과했다. 동인지에 실린 작품 하나하나를 꼼꼼히 살펴 가며 좋은 구절, 기승전결의 작법을 터득하기에 이른다.

1980년 문인협회에 가입하여 10년째 되는 1990년 수향수필(전국 동인지 5위 범위 안에 듦)에 수록된 「잃어버린 세월」을 수필 강의에 오신 서정범 교수께서 촌평하여 주었는데 그해 11월 『수필문학』에서 초회추천의 영광을 주셨다. 당시 강원의 박종철 「개미일가(一家)」와 같이 추천을 받았다.

그러나 생활여건은 나의 글쓰기에 도움을 주지 못했다. 가두리 양식업에 종사하면서 아침 일찍부터 저녁 늦게까지 치어나 생육(성장) 단계의 어류 돌보기에 여념 없이 하루하루를 피곤함에 휩싸이는 일과에 시달리게 되면서 글 한 줄 쓸 수 없었다.

그렇게 초회추천 후 10년 세월이 허망하게 흘러가고 있을 즈음 1981년 문협 창간호 다음 1982년 제2집에 발표했던 동시(童詩) 몇 편이 1999년 신인상을 받아 등단하게 되자 수필문학사 강 회장의 호통이 빗발쳤다. 남들은 초회추천 후 당해 연도 아니면 늦어도 2~3년 내 천료작품을 내는데 10년 세월 동안 뭐 하느냐는 것이다. 더구나 동시로는 등단하면서. 그래서 부랴부랴 끄적거린 것이 「은파」

였는데 그때까지도 수필 작법에는 서툴기 짝이 없었다. 소재도 특별한 것이 없었고 늘 동경 해 왔던 바닷가 생활에서 느껴 왔던 그대로 모자란 글이었는데, 2000년 5월에 천료라는 기쁜 소식을 주셨다. 초회 추천 후 10년이란 늦둥이 중 늦둥이였다.

사실 일상의 피곤도 문제였지만 아무것도 모르는 중에 초회추천을 준 영광의 중압감은 자유로웠던 나의 필력을 사정없이 옥죄기 시작했다. 드디어 프로의 입문! 이것은 대사건이었다. 이제부터 함부로 글을 써서는 안 된다는 책임감이 엄습해 오면서 시간을 뭉개고 세월을 짓누르기 시작했다.

우선 유명인의 작품을 탐독하고 유명 문예지의 초회추천작이나 천료작, 신인상 등을 놓치지 않고 읽고 서평도 주의 깊게 살폈다. 문장 전개 방법, 토씨 중복 사용은 없는지 눈여겨보게 되는 편이지만 아직도 미치지 못하는 것이 한두 가지가 아니다. 쉽게 펜을 들 용기가 없어 망설이게 된 것이 허송세월만 보낸 결과였다.

수필의 작법(문장력)이 이렇게 어려운 것일 줄 정작 몰랐다. 희곡이나 소설은 물 흐르듯 그대로 장황하게, 쉽게 전개하여 풀어갈 수 있지만 한정된 범위 내의 수필문장의 함축미는 여간 힘겨운 것이 아니었다. 시나 시조는 또 그런대로 요점만 살짝살짝 터치하면 작품이 된다. 그러나 평론이나 논설, 논문같이 하나의 문장을 완성해 가는 과정의 배경과 사상 철학을 집대성하여 요약의 묘를 살리는 것과 마찬가지로 수필 창작은 어느 장르보다 특별히 신경 써야만 완성의 성취를 맛볼 수 있다.

교과서나 각종 서적도 문학작품의 문장 작법이며 성경, 신문기사도 알고 보면 짜임새 있는 문장력이 뒷받침한다. 그만큼 수필문장 작법이 어느 장르보다 어렵다.

땅개머리

-내 고장 전설-

우리 고장의 달아에서 마주 보이는 섬이 저도(楮島)라는 섬입니다. 한자로 닥나무 저자를 쓰고 있어, 참 종이 만드는 닥나무가 많아 불리는 이름이라고 하고요, 공중에서 보면 닭의 형상을 닮았다 하여 닭섬이 와전되어 딱섬이라 부르기도 한답니다.

이곳에 우리 할아버지 대의 경주 최씨 부자(富者)가 살고 있었습니다. 마을을 감싸는 좌우 양쪽의 방파제(선착장) 내부 벽은 다이아몬드식 석축으로 견고하기 그지없습니다. 백수십 년이 넘은 지금도 끄떡없습니다. 사라호 태풍 때 끝부분이 약간 파손되었으나 지금도 건재합니다. 이렇게 완벽한 방파제는 인근 어느 곳에서도 찾아볼 수 없습니다.

최 부자는 마을 가운데 가장자리 맨 앞줄에 세 채의 집을 보유하고 살았으며, 부근의 큰 섬들과 육지를 제치고 탁주(막걸리)도가 허가를 받고 장사를 하여 부(富)를 축적하였습니다. 평소에도 붐볐지만,

특히 농번기에는 수많은 사람들이 몰려들어 장관을 이뤘습니다.

최 부자는 그 이익금으로 보기 드문 방파제를 제공했으며 마을 사람들의 칭송을 받음은 물론 지금도 방파제 좌우에 그의 공로를 찬양하는 비석이 서 있습니다.

내가 어릴 적 이웃 아저씨가 추측인지 설화인지 들려준 이야기는 이렇습니다.

최 부자댁에서 강아지 한 마리를 키우고 있었는데 술 찌꺼기를 먹고 자란 강아지는 어느새 송아지만 해졌다고 합니다. 세월이 흘러 번창하던 사업이 쇠퇴의 길로 접어들어 최씨 가문이 몰락하자, 이 개는 최씨댁 방축 밑 자갈밭에서 세 번을 컹컹 울부짖고 온 산천을 쏘다니다가 등 넘어 서해 바다가 아늑히 펼쳐진 끄트머리 땅끝에 와서 일몰을 바라보고 쭈그리고 앉아 그대로 굳어 바위가 되었답니다.

그 앞바다는 수심이 깊어 멀리 만지도 쪽으로 어류들의 수중 이동통로로 통한다고 합니다. 특히, 도미나 갈치, 광어, 멸치 떼 외에 잡어들이 많이 서식하는 곳으로 대낮에도 조업이 이루어지는 현장이기도 합니다. 당시 수조망 권현망 어선이 쭈그리고 앉은 개의 다리에 버리줄을 매고 작업을 하다가 다리가 부러졌다고 합니다. 그 즉시 그 배는 풍랑을 만나 파선되었다고 하는 전설입니다.

지금도 땅개머리라 불리는 그곳에는 개 형상의 바위가 서쪽 바다를 바라보며 망부석처럼 그대로 있습니다. 멀리서 보면 땅개머리 바위섬은 작은 거북 한 마리가 큰 섬의 꼬리를 물고 있는 듯합니다.

섬의 주변 배경은 닭이 퍼질러 앉은 형상으로 머리 볏 부분에 아릅드리 거송이 자라 동제를 지내는 당산(堂山)으로 이용했으며, 연대도와 만지도 쪽 바닷가를 마당 끝이라 불렀습니다. 이곳을 돌아 숲 뒤를 지나고 송장개(송장이 자주 밀려온 개)를 넘으면 바위틈에 석간수가 고인 굴이 있습니다. 음력 칠월칠석날, 이곳 청춘 남녀들의 멱 감는 장소로 이용된 곳이기도 합니다. 섬 전체는 갯바위 볼락 낚시터로도 유명합니다.

또한, 등을 넘는 길목이 낮아, 건너 뱀 형상의 곤리섬이 닭섬의 닭을 넘본다 하여 중년에 목의 가장자리에 유궁(有弓) 장군이란 비석을 세워 방비하기도 했습니다. 전성기에는 50여 호에 200여 명의 인구가 북적였으나 지금은 상시 거주 호수 20여 호에 양식 어민 약간 명이 종사하고 있으며, 젊은이들은 객지로 나가고 마을에 들어서면 60이 넘은 노인 몇뿐입니다.

찢어진 옷 사이로 찬바람이 지나는 것처럼 썰렁한 분위기를 연출하고 있습니다.

아~ 옛날이여!

(2015)

동양의 나폴리 통영

내 고향 통영! 통영(統營)은 임진왜란 때 충무공(忠武公) 이순신 장군이 구국의 일념으로 나라를 지켜낸 역사의 현장이다. 3도(3道: 충청, 전라, 경상) 수군(水軍)을 통솔 지휘하던 통제사(統制使)의 본영 통제영(統制營)의 가운데 글자를 뺀 지명이다.

통제영은 1604년(선조 37년) 제6대 이경준 통제사 때 설영되어 1895년(고종32년) 폐영될 때까지 200여 명의 통제사가 다녀간 곳이다. 그 때 통제사를 따라 전국의 유명한 장인(匠人)들과 상인들이 인산인해를 이뤄 장관이었다. 통제영의 객사였던 세병관(洗兵館, 국보 305호) 주위에 12공방(工房)이 복원되고 영문(營門)인 남문, 서문, 북문 등 옛 모습을 되찾고 있다. 공방에서 생산된 명품 중에서도 통영자개, 통영갓, 통영소반, 통영부채는 전국에서 으뜸으로 알아줬다. 특히 통영자개는 새로운 기법으로 발전해 현재 성업 중이다.

통영은 읍과 군으로 행정구역이 구분되었으나 1955년 읍이 시(市)

로 승격되면서 충무공의 시호를 딴 충무시와 통영군으로 이어져 오다가 시·군 통합으로 다시 본래의 지명을 되찾아 통영시가 되었다. 면적은 234.78㎢, 570여 개의 유·무인도를 거느리고 있다. 평균 기온 14~15℃로 전국에서도 제일 따뜻한 곳으로도 유명하다. 상주인구 14만 정도이다.

원래 반농, 반어의 고장이지만, 지금 불리고 있는 '바다의 땅'이란 명칭에 걸맞게 수산업의 전성기에는 어업 전진기지로써 수산업 1번지로 통했다. 80년대까지만 해도 장어 통발업이 유명세를 타 외지 선원들이 몰려들고 덩달아 식당과 주점들이 우후죽순처럼 생겨났다. 골목골목마다 생선 굽는 냄새가 진동하고 구성진 유행가와 판때기 장단에 주모들과 아가씨들의 웃음소리 흘러넘쳤다. 길에 다니는 견공(犬公)들도 만 원짜리를 물고 다닌다는 소문이 날 정도로 부(富)를 구가했다.

특히 이곳 남해에서 생산되는 해산물은 간만의 차가 심한 서해나 간만의 차가 거의 없는 동해와는 달리 썰물, 밀물이 적당히 조화를 부려 군살이 붙지 않아 그 맛이 타의 추종을 불허한다. 이런 호황을 맞던 시절은 잠시 정부의 구조조정과 인접국과의 어업협정으로 좁아진 조업 구역, 어선감축 등으로 수산업 1번지의 명성은 사라졌다. 그나마 통영멸치와 바다의 우유 통영굴이 남해의 청정해역, 미국 FDA가 검정, 인정한 상품으로 명을 잇고 있다.

이렇게 수산도시에서 관광도시로 변모해 가는 것은 해발 461m의 비교적 높지 않은 미륵산에 국내 최장 1975m의 케이블카가 생기면서부터이다. 산 정상에서 조망하는 다도해가 그림처럼 펼쳐져 관광객의 탄성을 자아내게 한다. 거기다 주변의 한려수도 통영 팔경(八景)도 한몫한다. 동양의 나폴리라 불릴 만큼 극찬을 하는데 정작 눌러사는 우리는 진한 감동도 없다. 현재 케이블카 탑승 인원이 1,100만을 넘어섰고 게다가 루지 시설이 인기상품으로 등장해 그야말로 관광도시의 면목을 더한다고 한다. 그로 인해 주말이면 관광객이 인산인해, 서호시장과 중앙시장이 특수를 누리고 있다. 생선 횟집, 식당 외 건어물, 김밥, 꿀빵이 몸살을 앓는다.

또 옛 통제영의 장인들 영향인지 전국 인구수 대비 문화예술인이 제일 많이 배출된 곳이기도 하다. 청마 유치환, 초정 김상옥, 대여 김춘수, 토지의 박경리, 세계적인 음악가 윤이상, 연극계의 대부 동랑 유치진, 마법의 소설가 김용익을 비롯하여 화가, 조각가, 아동문학, 언론인을 합치면 무려 13명이 넘는다. 이외 이중섭 화가, 백석 시인도 통영과의 인연이 있고 정지용 시인은 필설로 표현할 수 없는 풍광을 지닌 곳이라 극찬을 아끼지 않았다. 행정에서는 제일 먼저 예향 통영을 내세우며 그 이름을 팔아먹는다. 그러나 정작 그들은 배고파 외지를 떠도는 나그네 신세였었다.

현재 통영 예총 산하 7개 지부 단체 200여 명의 회원이 예술혼을 불태우고 있지만, 옛 유명세에 비하면 빛 좋은 개살구. 문화예술인을 기리는 청마문학관, 박경리 기념관, 김춘수 유품전시관, 김용익 생가 등이 있지만 타지역의 문화시설에 비하면 초라하기 그지없다. 우리들의 염원이라면 종합예술관 하나 지어 기라성 같은 문화예술인들을 재조명하고 기리는 것이다. 예술 창작에 관련된 전문학교도 신설하고, 그리하여 윤이상 음악당과 더불어 전국 제일의 예술의 전당을 가꾸면 고급 인력들이 모여들 것이다. 그때 비로소 '예향 통영'이라 자신 있게 불러도 좋으리. 동양의 나폴리 내 고향 통영!

(2018)

달그림자

그늘이나 그림자는 같은 개념(槪念)으로 사물의 형상을 있는 그대로 부려 놓은 낙관(落款)과 같은 것이다. 낙관은 완성된 예술품에 책임지겠다는 일념의 약조다.

강렬한 빛일수록 그림자가 뚜렷해지듯이 자기 색깔에 맞는 그림자를 각자 드리우고 있지만, 좌표 없는 내 인생의 그림자는 어떤 모양일까?

나는 남쪽 바다 조그만 섬에서 태어났다. 보고 들은 것은 파도 소리와 솔바람 소리뿐이었다. 독신인 아버님은 겨우 한학을 익혔으나 풀어 쓰지 못하고 시골 생원으로만 남았다. 더구나 장남인 나는 도약하기 위해 기댈 만한 언덕 하나 없었다.

나의 그림자. 그래 그것은 외양은 나와 닮았지만 벙어리요, 색맹이다. 그리고 나의 행위 예술가이다. 그것과 나는 비밀이 존재치 않는다. 그것 때문에 행동까지도 제한받는다. 나를 에워싼 360 반경

전부 그의 영역이다. 오로지 한 가지 색만 고수한다. 그 세계에는 빈부귀천이 없이 평등하다. 이것이 내가 내린 나의 그림자에 대한 정의다.

시골 동구 밖 정자나무는 오뉴월 땡볕에서 땀 흘리며 일하다가 새참을 먹거나 휴식을 위한 오아시스요, 농주 한 사발에 오수를 즐길 수 있는 유토피아다. 우리 마을에도 제(祭)를 지내는 신목(神木)이 있었다. 우람하게 늘어진 가지마다 새들이 쉬어가고 여름에는 남녀노소의 보금자리였으며 철부지 개구쟁이들은 첨벙첨벙 바다에 뛰어들었다가 알몸으로 모여들던 곳이다. 또 마을 주산(主山)의 정상을 당산(堂山)이라 불렀는데 매년 음력 10월에 동제(洞祭)를 지냈었다. 주변의 아름드리 노송과 포구나무, 뽈똥나무, 산딸기 등은 항상 우리를 반겨주었다. 그곳은 성장기 우리들의 쉼터요 요람이었다. 차츰 감수성이 예민해져 갈 무렵엔 선창가에 나가 앉아 은파와 시름을 달래느라 망부석이 되기도 했다. 이것이 유년 시절의 일상의 전부다.

섬에서 세상 밖으로 나와서도 진하게 배인 습관은 변하지 않았다. 뻔질나게 오르내렸던 남망공원. 그에 연이은 장좌섬의 바닷가 풍경은 새로운 이미지로 다가왔다.

한려수도의 관문인 한산 앞바다에 펼쳐진 은파의 광장. 때마침 불어오는 솔바람. 일제히 일어서는 꽃봉오리. 그 위에 날갯짓하는 수만의 나비 떼. 이미 은파의 몸부림은 바다가 아니었다. 숨 가쁘게 죄어오는 전율, 환희, 폐활량을 한껏 열어 그 기(氣)를 가슴 깊이 받아들인다. 그리움과 애환으로 청춘을 몽땅 불살랐던 곳. 세상을 다 돌고 나서도 나의 사고(思考), 사념(思念)은 아직도 그곳에 머물러 있다.

산 그림자는 새 생명을 잉태하며 뭇 생명체를 무위로 길러낸다. 있는 듯 없는 듯 무심히 보아 온 해와 달그림자도 끊임없이 새 역사를 쓰고 있다. 사물의 그림자가 정적(靜的)이라면 물 위에 비친 해와 달그림자는 동적(動的)이다. 오우가의 윤선도가 달을 노래한 것처럼 나는 달그림자(은파)를 좋아한다. 바람이 흩뿌리는 꽃잎과 은비늘 세례는 지독히도 나를 몸살 나게 만들었다.

"「은파」 그것은 그리움의 호흡. 그것은 억만년 전의 속삭임. 그 어느 모퉁이에서 스친 여인(소녀)의 매력이었다." - 저자의 졸시 일부

긴 인고의 세월을 뛰어넘어 고3 때 드리운 낚시에 달그림자가 문학이란 대어를 낚게 해 주었다. 삶의 여정에 빛은 나에게 고루 비추었는지. 혹 역광으로 그림자를 흩지나 않았는지 되돌아보는 지금이다. 그동안 내면 깊숙이 차곡차곡 다져둔 그림자는 얼마나 성숙했을까?

낙조를 밟으며 오늘도 묵향(墨香) 번져 나는 문화학교로 간다. 빈약한 그림자를 살찌우기 위해.

달그림자(은파)로 문학의 길을 열었지만, 그 진정한 베일을 벗기기에는 역부족, 아직도 미로(迷路)를 헤매듯 풀지 못하는 숙제로 남아 있다.

청마는 과연 어디서 출생했다는 말인가

지난 4월 3일 서울지방법원에서 청마의 출생지에 대해 다음과 같이 결정사항을 내렸다고 한다.

청마 문학관에 부착된 안내표지판 안내문 중 '1908. 7. 14(음) 통영시 태평동 552번지에서 출생'을 '1908. 7. 14(음) 출생. 통영에서 유년시절을 보냄'으로 수정하라는 것이다.

법치 국가에서는 판사의 말 한마디가 곧 법이다. 인간이 살아가는 기본권리 외에 지켜야 할 사항을 법으로 규정하여 다스려야 함에는 부정적인 시각은 없다. 다만 법도 인간이 만든 것이기에 이를 왜곡되게 악용하면 더 큰 죄가 유발된다. 인간의 알 권리를 대변해 주는 법관(판·검사)도 오판이 있고 명의도 오진할 수 있다. 그것은 신이 아닌 인간이기 때문이다.

그러나 이번 판결은 아무리 봐도 이해가 가지 않는다. 출생지 문제로 법정 싸움을 한다는 것 자체가 전무후무한 짓인 데다 더구나 인간은 누구든 출생지가 있다. '1908. 7. 14(음) 출생'으로 하라고 했는데 어디서 출생했다는 것이 빠져 있다. 그러면 청마는 과연 어디서 출생했다는 말인가?

통영 태평동이냐, 거제 둔덕이냐. 그것도 아니면 옛말대로 하늘에서 뚝 떨어졌나. 땅에서 불끈 솟았나. 그리고 '통영에서 유년시절을 보냄'으로 수정하라고 했는데 그렇다면 결정한 사람은 유족들의 말을 근거로 한 것인지 직접 자신이 보고 안 사안인지 반문하고 싶다.

이미 온 천하에 알려진 바대로 청마 자신이 밝힌 자작시에도 나타났고 각종 참고 문헌이나 연구대상의 논문집에서도 청마의 고향이 통영이라는 것이 명백히 드러난 것이 사실이다.

법관은 판결을 하기 전에 귀를 활짝 열어야 하고 많이 알아야 한다. 그리고 냉철해야만 한다. 기본적인 상식 외에도 각 분야별 애매모호한 곳까지도 깊이 있는 통찰력이 필요하다.

죽은 자는 말이 없다. 그러기에 청마의 출생지를 아는 사람은 지금 아무도 없다. 그러나 고인이 생전에 밝힌 근거 자료는 영원히 남아 있다. 이것을 믿지 못하겠다면 고인이 된 청마 자신이 법정에 설 일이다. 그것도 불분명하다면 저승에서 청마의 부모를 불러낼 일이다. 이렇게 어려운 사안을 쉽게 결정하게 된 동기는 무엇인가.

법관은 누가 봐도 무릎을 칠 수 있는 역량 있는 명판결을 남겨야 한다. 그렇지 못할 바에는 손을 떼야 한다. 오판은 의사의 오진으로 사람 목숨 끊는 것과 무엇이 다르랴.

유족들도 문제다. 어떻게 해서 이런 시비가 났는지 모르지만 자신들이 불이익을 당했다고 해서 자기 생명 모태인 고인이 된 부모마저 욕되게 해서야 되겠는가. 이는 곧 양심을 파는 일과 다름이 없다.

효(孝)는 곧 부모를 공경하고 그 이름에 누를 끼치는 일이 없어야 한다. 그는 효가 아니고 불효이기 때문이다. 유족들은 평상심으로 돌아가 이성을 되찾기 바란다. 한 사람을 두고 상품화하려는 행정 당국이나 이에 동조한 사람들이 가증스러울 뿐이다.

더구나 청마를 추앙하고 그 높고 위대한 뜻을 길이 전하고자 청마문학관 건립은 물론 청마거리 선포 및 청마문학상을 제정한 전 통영시장을 상대로 손해배상 청구소송까지 했다니 천인공노할 일이 아니랴. 은혜는 갚지 못할망정 그분을 또한 욕되게 해서야 되겠는가.

이제부터라도 거제시와 그 유족들은 전 통영시장에게, 그리고 통영시민에게 정중히 사과하고 속죄해야 할 것임을 유념하기 바란다. 그리고 진정 문제는 통영 사람들이다. 생활에 바쁘다고 남의 일 보듯 함구무언하고 있는 일은 옳은 일이 아니다.

거제 측에서는 발 벗고 나서고 있는데 통영에서는 무엇을 하고 있는가. 청마가 문인이라서 통영에 사는 문화예술인들만 관심을 가지라고 강 건너 불 보듯 하고 있는 것인가. 이제는 같이 동참하여 나설 때이다. 증인 설 사람이 없을 만큼 웅크리고 있을 때가 아니다.

청마가 통영이나 거제나 어디서 태어나도 상관할 바는 아니지만, 자신이 밝힌 의향을 그르칠 때 역사는 왜곡되기 마련이다.

청마는 통영, 거제뿐 아니라 만인이 흠모하고 존경해야 할 인물이기 때문이다.

*본 기사는 통영시와 거제시에서 청마 출생지 문제로 법정 시비가 있었던 바 2003년 4월 26일 향토지 한산신문에 게재된 것으로 이후 모든 근거자료에 의해 통영 출생으로 확정판결 났다. (당시 필자가 통영문인협회회장)

(2003)

5

비 오는 날의 명상

돌탑

산(山) 사나이, 돌탑을 쌓은 지 12년여, 수많은 탑을 쌓았다. 그리고 현재도 진행 중이다. 대지의 큰 뜻 산을 의미하는 산 탑, 통일을 염원하여 두 손을 하늘 향해 소원을 비는 손 탑 등 자연을 상징하는 여러 모양새의 크고 작은 탑들이 빼곡하다.

한 땀 한 땀 정성 들여 베를 짜고 수를 놓듯 빈틈없는 공법이 감탄을 자아내게 한다. 큰 돌 사이사이엔 작은 받침돌로 촘촘히 채워 견고하게 하였기에 어떠한 악천후의 기상 조건에도 끄떡없게 하였다.

무의미한 세상사, 인생 항로에는 영원과 완성이 없다. 100년도 안 되는 삶에서 우리는 바라는 대로 무엇을 찾을 것인가? 제아무리 욕심부려도 하루 세끼 밥은 공통분모요, 삶의 수단 차이일 뿐, 영원한 것은 없다. 쉽게 얻는 것도 잃는 것도 힘들다. 어렵게 헤쳐 나온 길 위의 화려한 영광도 결국 한낱 물거품일 뿐 남을 것은 없다. 다만 희미한 기억 저편 추억으로나 아롱거릴 안개 밭 그 외엔 아무것도 없다.

인간이었기에 직장 일에도, 세상일에도 잠깐 젖어도 봤다. 그러나 그 목마름의 해답을 찾을 수 없었다. 여태 저지른 잘잘못을 자기 탓으로 여기고 산으로 들어갔다.

지나온 것은 터득과 경험의 발판, 이제 새 삶의 시작이다. 허투루 된 것이 하나도 없는 자연은 경이롭기까지 하다. 우선 주위부터 정리 정돈해 나간다. 여기저기 널브러져 있는 고사목이나 간벌한 나무들은 땔감으로 쓰고 불필요하게 걸리적거리는 걸림돌들은 주워 모으기 시작했다. 비가 오나 눈이 오나 하루도 쉬지 않고 굴리거나 지게로 져 날라 그들이 정착할 곳을 정하여 주고 숨 쉬게 했다. 또한 일을 시작하기 전 빠짐없이 하늘, 땅, 나무, 돌을 향해 기(氣)를 모아 기도하기를 게을리하지 않았다.

삼라만상이 각기 제 있을 곳이 따로 있듯이 자연의 만물이나 인간 역시 제자리에 있어야 더욱 빛나고 의미가 있다. 모아진 돌들이 제자리를 찾아 하나둘 돌탑으로 변신하는 과정에서 보람을 느끼고 차츰 자연에 동화되어 가는 자신의 참모습을 발견하게 된다.

그 깨달음은 곧 자연과 더욱 가깝게 친해져서 친교의 장까지 열리게 되었다. 산 짐승들에게도 목숨을 이어갈 작은 나눔을 실천하고 휘파람을 불어 손끝에 산새도 불러 앉혀 먹이를 주고 대화하는 그 순진무구엔 허세, 허욕, 가식이 끼어들 틈이 없었다.

작은 움막 하나 지어 오직 자연에 순응하며 혼자 살아온 세월, 하늘도 감동하였는가. 뜻을 같이한 동반자도 산에서 얻어 자식까지 낳았다. 인간이기에 어쩔 수 없었는가. 인생 전반부에서 마침표를 찍었던 이정표, 순리에 따라 새로운 후반부의 역사를 창조함인가? 이제 귀천이 가까운 항로에서 바라본 나의 생각은 생불이나 신선이 될 뻔했던 기회를 여기에서 놓친 게 아닌가 하고 애석해해 봤지만 어쩔 수 없는 일.

이미 세속을 떠난 그들의 삶이 부럽다. 산이 좋아 산에서 기를 모으고 활동하다 때를 맞춰 자연과 동화되면서 더불어 늘어나는 돌탑들, 돌멩이 하나하나에 기를 불어넣어 정성이 깃든 것이어서 더욱 값지다. 앞으로 20년은 더 살지 않겠느냐고 너스레를 떨면서 이렇게 하다 보면 온 산이 돌탑들로 가득 채워져 그땐 마이산 돌탑보다 더 많을 거라 자랑한다. 그 열정, 각오, 순수성과 정성으로 마음 비우기를 하여 오로지 진실된 마음 하나로 살아가는 그들의 소원이 이뤄지기를 빌어 본다.

그곳엔 어떠한 이기도 존재치 않는 별천지, 맑은 샘물 같은 정제된 마음뿐, 하늘은 알리라. 그들의 참된 뜻과 정성을…. 어쩌면 내가 바라던 자화상을 보는 듯 그들의 해맑은 미소가 천심(天心) 그것이었다.

맛

섬과 섬 사이, 태풍급 바람이다. 앞에서 불어오는 세찬 역풍을 가로질러 헤쳐 나오던 3대선(돛대 3개) 풍선(風船)의 위용, 그것은 신의 경지에 이르는 묘기였다. 직선코스는 도저히 불가능한 것을 가능케 하는 기술, 거센 바람일수록 노폭을 최대한 좁히고 느슨하면 늘리고 하여 조금씩 조금씩 앞으로 나아가 목적지에 당도하는 슬기야말로 감탄을 금치 못하게 했다.

이쪽에서 저쪽으로 갈지(之)자 형의 진로를 정하고 측풍을 이용하는 지혜를 몇 번 반복하다 보면 아무리 강한 바람도 뚫고 나올 수 있었다. 그 고도의 기술은 아직도 나의 기억 속에서 수수께끼로 남아 있다. 자칫 잘못하면 전복될 위험한 상황인데도 바람을 받아 배를 한쪽으로 누이고 돛의 샷대를 후려 조여 가며 달리다가 키를 돌려 반대 방향으로 조종할 바로 그때가 가장 위험요소가 높다. 아찔한 순간을 넘어 오늘에 이르기까지의 삶은 곡예사의 일생과도 무관할 수 없다는 것을 실감했다.

인생 항로는 항상 미래를 예측할 수 없다. 오로지 운명에 맡긴 채 하루하루를 헤쳐나갈 뿐이다. 아버님은 줄곧 이 배를 타고 남해 서해를 누비고 다녔다. 주로 주낙을 하였는데 한 번 출어하여 되돌아오는 기간은 한 달여 걸렸다. 물 칸에는 귀상어나 소량의 조기류 생선을 남겨 오셨다. 마중 나온 아이들에게 스기나무 밥통에 남은 밥을 바닷물에 덤벙 손을 적셔 주먹밥으로 만들어 주던 그 맛, 그것은 일미였다. 새콤달콤한 초고추장에 버무린 귀상어회와 조기창자 부레젓 맛이 여태 기억에 남아 있다.

나는 남쪽 갯촌에서 태어나서 주로 남도 음식 맛에 길들여 있다. 산채(山菜)로 다듬어진 내륙의 음식보다는 해조류나 해산물을 좋아하게 됐다. 혀끝에 아련히 맴도는 그 특유의 맛은 생을 위한 도전이며 미래이기도 했다. 강에서는 볼 수 없는 광대무변의 대해의 어종은 대소 구분 없이 다양하다. 감성돔이나 도미, 광어, 농어, 참치 등 감칠 맛 나는 고급어종은 제사 아니면 명절에나 만나 볼까 이미 기억 저편에 있다. 이제는 갈치나 전갱이, 고등어, 장어, 볼락 등이 서민들의 허기를 달래 줄 뿐이다.

귀한 것들을 그렇게 많이 맛보았어도 그때는 몰랐었다. 금값보다 비싸졌다며 후한 대접을 받는 전복, 해삼, 문어, 낙지 하며 꽃게, 털게, 바지락, 멍게도 근처에 가기 쉽지 않다.

맛! 하면 혀끝에 맴도는 옛 맛뿐이다. 봄 도다리 가을 전어하며 풍류객들의 입에 자주 오르내리는 도다리쑥국, 쑤기미탕을 빼놓을 수 없고 겨울철 메기탕이나 대구 고니탕도 제 일로 친다. 나는 또 가끔 쇠고기 등 육류도 좋아하는데 그중에 돼지갈비나 토종닭, 오리 백숙을 좋아하는 편이다. 그러나 뭐니 뭐니 해도 서민의 기호식품은 골목을 휘젓는 된장찌개 냄새가 미각을 자극한다. 명절 전날 골목골목을 누비며 맛보았던 호박지짐, 정구지지짐, 고기지짐 맛도 잊을 수 없다. 특히 나물은 각종 재료 외에 미역, 톳을 비롯하여 바지락, 개조개, 홍합, 문어 등을 우려 만든 탕수국을 가미한 것이어서 여느 비빔나물과는 다른 특색을 지녔다. 또한 밥상에 쉬이 오른 젓갈류로는 멸치젓, 갈치창자젓, 전어밤젓, 호래기젓, 볼락젓, 그리고 지금 이곳에서는 볼 수 없는 귀한 조기창자 부레젓이 내가 제일 선호했던 것들이다. 짜지도 싱겁지도 않은 적당한 간질에 알맞게 곰삭은 젓갈 위에 풋고추 한 입 베어 물면 천하 일미 이를 덮을 그 무엇도 없다.

어머님 할머니들의 손맛 탓이었을까? 요즘처럼 흔한 조미료가 가미되지 않아도 기똥찬 맛을 우려내는 솜씨 그 맛은 아직도 전신의 구석구석에 스며있다. 맛은 오관(눈, 귀, 코, 피부, 혀)을 통하여 신맛, 단맛, 짠맛, 매운맛을 감지하고 구별한다는 데 혀의 감각이 무디어졌을까? 아니면 세월 따라 변한 것일까. 예전의 맛을 느낄 수 없음이 안타깝다.

이렇듯 수많은 음식의 맛도 철 따라 달라지므로 제철에 맞는 것을 골라 먹는 지혜가 필요하다. 보는 것만으로도 짐작되는 각종 옹기 속에서 오묘한 맛으로 익어가는 간장, 된장 맛도 전통 그대로 영원을 살고 있다.

그래도 내 유년의 기억 창에 깊숙이 내재 된 코끝을 찡하게 자극하던 청국장 맛이나 이젠 효자 상품이 됐지만, 그 당시 서민 식탁에 쉽게 오르던 전어, 갈치, 볼락구이 향이 온 골목을 풍기던 그 기억만이 뇌리에 남아 있다.

달팽이

밥상을 차리는 상 위에 3cm쯤 되는 검은 물체가 보였다. 무엇인가 싶어 살짝 건드리니 미동을 한다. 집 없는 달팽이였다.

달팽이는 풀숲이나 논, 밭두렁, 습기가 많은 담장 밑에 있기 마련인데 어떻게 이곳까지 왔을까? 휴지로 집어 재떨이에 버렸다. 한참 후 식사를 마치고 보니 방바닥에 나와 있지 않은가. 1분에 단 몇 밀리도 옮기지 못하는 놈이 언제 빠져나왔을까. 다시 재떨이에 버렸다. 그리고는 TV 뉴스를 보다가 무심코 재떨이 주위를 살펴보니 방바닥에 기어 나와 있는 놈을 또다시 보게 되었다. 아마 습기 있는 곳을 찾아갈 모양인데 방 안에서는 어림없는 일 아닌가. 이번에는 이놈을 화장실 바닥에 갖다 놓았다. 그리고는 잊고 있었다.

내가 살고 있는 집은 유독 습기가 많다. 요를 깔고 누워도 끈적끈적한 감이 피부로 느껴진다. 비가 올 것이라는 기상예보가 있은 후, 화장실에 가보면 벽면에 몇 마리씩 집 없는 달팽이가 붙어 있었다.

그러다가 날씨가 개는 날이면 어디론가 사라지곤 했다.

무거운 집을 짊어지고 다니는 달팽이는 채마밭이나 그 언저리에서 흔히 보아왔지만 거추장스러워서일까. 또는 좁은 공간을 쉬 마음대로 오갈 수 있어서 무거운 짐을 벗었을까. 기린의 뿔처럼 뾰족 나온 두 개의 촉수로 좌우를 감지하면서 태평세월이다. 가만히 생각해보니 이놈의 신세가 꼭 나와 닮았다. 집이 없는 것도 그렇고 동작이 굼뜨고 알몸의 백수로 살아가는 여정이 그렇다.

젊은 시절, 직장을 잃고 이것저것 전문 지식도 없는 사업에 손을 댔다가 대가 없이 허송세월을 보낸 뒤 마땅한 내 집도 없이 이곳저곳 철새처럼 옮겨 다니며 방황하는 꼴이라니. 여태까지 일곱 번 이사를 다녔지만, 내가 거처하는 집에는 항상 대문이 열려 있다. 사업 실패로 실의에 빠져 기원을 기웃거리고 밤늦게까지 주당들과 어울리다 보면 귀갓길이 늦게 마련이어서 잠겨진 대문이 귀찮게만 느껴졌었다. 어찌 보면 한곳에 아주 정착하느니보다 집 없이 떠돌면서 이곳저곳의 민심과 어울리고 마음 내키는 대로 옮겨 다닐 수 있는 좋은 점도 있지만, 또한 이사 다니기가 쫓겨 다니는 것처럼 불편도 뒤따랐다.

이번에 또 새로 들게 될 집을 계약해 놓고 있는 상태다. 주인이 집 없는 세입자 입장을 이해해 주고 배려해 주면 좋으련만 세상인심이 만만치 않다. 추석 명절을 지나고 가을 문턱에 들어선 지가 한참이건만 아직도 낮에는 늦더위가 물러설 줄 모른다. 추위가 오기 전에 서둘러 새 보금자리로 정착하고 싶은 마음은 누구나 마찬 가지리라.

지나온 세월에 젊음을 반납하고 이제는 나도 황혼 길에 접어들어 생명존중의 관용 단계에 이르렀을까, 벌레 한 마리도 쉽게 죽이지 못하는 너그러움이 자연의 섭리에 근접하는 것인지도 모를 일이다.

그놈은 제집을 쉽게 찾아 들었을까. 미동조차 느낄 수 없는 느린 몸짓으로 제 갈 길을 제대로 갔는지가 궁금하다. 아까 놓아 준 곳에 가보았다. 정말 흔적도 없이 사라졌다. 그놈처럼 나도 항상 남들 뒷줄에서 느림보 행진을 하지만 뒤끝이 깨끗했으면 싶다. 비록 늦게 출발하여 늦게 당도하더라도 아무 탈 없이 말석에나마 끼어 아름답게 생을 마감했으면 한다.

외출 준비를 하고 집을 나서니 서산 노을이 그림처럼 아름답다.

(2010)

첫걸음

아기의 첫걸음마를 본다.

태어나서 위만 보며 먹고 자고, 자고 놀고 하다가 콧구멍에 바람이 들락거리고 햇살 한 움큼 잡을 힘이 생기고부터 낮은 포복만 하던 것이 엊그젠데, 오늘 첫발을 뗐다. 그것도 단 한 발짝을 떼고 겁에 질려 다음 발을 떼지 못하고 주저앉고 만다. 이 첫걸음이 하루하루 세월을 딛고 나면 하나의 개체로 독립되는 것이다.

인간은 창조주의 섭리에 따라 먼저 하늘을 알고, 땅을 알고, 삼라만상 즉 우주를 향하여 독립하는 것일까?

우리 인간의 첫걸음은 미지의 세계를 향한 진로 설정의 시작이다. 달리기 선수가 스타트를 잘못하여 우승을 놓치는 예도 있으며, 전공 분야를 잘못 선택하여 평생을 그르치는 일 또한 엄청난 결과에 직면한다.

친구를 잘못 만나거나 불우한 환경이 빚는 잘못의 첫걸음은 악의 구렁텅이로 전락된다. 더구나 직업을 잘못 선택하여 가난의 그늘에서 헤어나지 못하는 사람도 있는가 하면, 전망 있는 직종 선택이 적중하여 후일 서광을 맞는 예를 흔히 본다.

그만그만한 생활로 순탄하던 사람이 아차 하는 순간 그 균형이 깨어지고 마는 예도 있다. 그런가 하면 악전고투의 세월만 삼키다가 시대의 흐름을 타고 일순간에 부를 구가하는 사람도 있다.

어느 날 산행길을 잘못 들어 엉뚱한 목적지에 당도한 일이며, 질주하던 차량 행렬이 정반대 방향의 고속도로에 진입한 일은 애초의 목적을 그르치게 하기도 한다.

학창시절을 떠나 사회 진출의 첫걸음, 새로운 사업에의 첫걸음, 직업에 대한 첫걸음 등. 이렇듯 첫걸음은 첫인상, 첫 모임, 첫출발의 중요한 의미와도 통하여 극과 극의 결과를 판이하게 바꿔 놓는 것이다.

고등학교 졸업 때의 일이다. 졸업 싸인지의 타이틀을「첫걸음」이라 정하여 배부한 일이 있었다. 항간에는 아기의 첫걸음이냐, 이제 걸음마를 배우려 하느냐, 사회인의 첫걸음이냐, 하고 반박 회신이 줄을 이었다.

그때 어떻게 해서「첫걸음」이란 것으로 정해졌는지는 잘 모르겠다. 새겨보면 음미할 만도 한데 짓궂은 이성들은 놀려대기를 좋아했다. 어떤 학생은 노천명의 「사슴」을 자화상으로 적은 것도 있고, 러브레터 형식의 넋두리도 있었다.

당시 나의 문학의 산실. 촉 트는 이른 봄의 새싹처럼 진한 연민을 느끼게 한 문화동에는 유치원이 있고, 교회당이 있었다. 학생회관 앞 작은 운동장, 그 한편에 살짝 비켜선 감나무, 정원에는 모란이 붉게 타고, 난초, 국화, 봉숭아가 함초롬히 이슬을 머금은 채 졸고 있었다.

부챗살을 길게 늘어뜨린 파초는 하늘을 이고 그늘을 드리우며 태고(太古)의 멋을 자랑하기도 했다. 늦가을이면 홍시가 투두둑 떨어지며 낯을 붉히기도 했다.

때로 홀로 있는 날, 못 견디게 외로운 날은 휑하니 먼길을 떠나기도 했었다. 상념에 잠겨 코스모스 꽃길을 따라 걸어 보던 오솔길 하며, 이른봄 대지의 먼지를 털고 산정에 올라 폐활량을 넓혀본 일. 녹음의 그늘에서 맛본 시원함. 하얀 눈 위에 내어 보는 첫 발자국.

이 모든 나의 발자국들은 바로 시요, 음악이요, 그림 그것이었다. 그때 서툴게 서툴게 영글어만 가던 나의 꿈. 그 꿈은 아직도 요원하다.

그러나 이제부터는 물의 지순한 흐름을 배워 그동안 정리되지 못했던 확실한 나의 첫발을 조심스럽게 떼어 놓고 싶다.

물은 낮은 곳으로만 흐른다. 좁은 계곡에서 내달을 때는 요란한 소리로 아우성이지만, 산굽이를 돌고 돌아 모가 닳고 벼랑을 뛰어넘다가 결이 삭아 내(川)도 만나고 강도 만난다. 그리하여 소리 없는 무게로 가다가 침묵하는, 정녕 침묵만이 아닌 묵중(默重)한 대해(大海)를 만나는 것이다.

그런 느슨한 맘으로 살아가고 싶다.

첫걸음, 모든 일은 첫걸음이 그 승패를 좌우한다.

(1988)

거짓말

선(善)과 악(惡), 그중에 필요악의 완충작용이 두 축의 균형을 유지시켜 주었다. 진실한 참말 만으로는 무미건조함을 느꼈던지 필요에 따른 재치 있는 약방의 감초 같은 거짓말도 생겼으리라. 상대성 즉, 음양의 조화인지도 모른다.

옛날 청빈한 선비들은 배고픔도 체면 구길까 봐 말없이 참아냈으며, 중병 환자의 병명도 숨기며 심신을 달래준 사례는 고귀하다 못해 눈물겨운 것이었다. 먼 길 안내자도 지루함을 덜어주기 위해 다 왔다, 거의 다 왔다고 반복하여 묵묵히 인내해 냈다.

우리 고장 유명 시인이 어느 해 3월 말 운명했다. 그 친구 애주가라서 자정 넘게까지 마시다가 늦게 귀가하여 심장마비로 갔다나? 평소 그의 건강 지론은 대단했다. 사무실에는 몸에 좋다는 약초 차(茶)가 없는 게 없었다. 방문객에게 어디에 좋다는 설명까지 곁들여 권하곤 하던 그가 그렇게 쉽게 갈 줄은 몰랐다. 한편으로는 혈압약을

복용하고 있었는데 정상으로 돌아왔다며 끊어서 변을 당했다는 설도 있었다. 어쨌거나 타고난 운명이 그것뿐인 것을.

다음 날 지인들에게 전화 연락을 했을 때 그때가 바로 4월 1일 만우절이어서 다들 진실을 외면했었다. 차라리 그대로 거짓말이었길 간절히 바라던 심정이었는지도 모른다. 어느 거짓말을 해 보지 못한 사람이 한 번쯤 속이고 속아 보자고 익살스럽게 만우절을 정했는지 몰라도 이날 만큼은 서로 애교로 받아들였다. 거짓말은 어른들의 기만행위에 단골 메뉴로 등장하지만, 어린이들에게는 꿈과 희망을 잃지 않게 하는 필요악이 되기도 했다.

아이들은 거짓말을 할 줄 모른다. 아니 안 배워서 안 한다. 어른의 말을 그대로 믿고 자란다. 태어나면서 유복자가 된 아이가 네댓 살까지 자라면서 아빠를 찾게 된다. 주위의 다른 아이들 부모를 보면서 어머니나 할머니께 묻는다. '우리 아빠는 어디 갔냐'고 그때 대부분 이렇게 대답한다. '멀리 해외에 돈 벌러 갔는데 너 대학 갈 때쯤 돈 많이 벌어 좋은 옷과 맛있는 것을 사 가지고 올 거야'라고. 아이는 그 말을 믿게 되고 다른 아이들에게도 들은 대로 자랑한다. 그런 거짓말은 철이 들면 알게 되겠지만 아이의 마음에 상처를 주지 않고 꿈과 희망을 심어주는 필요악의 유익한 것이 아닐까. 이처럼 거짓말은 형편에 따라 어쩔 수 없이 해야만 하는 경우도 있겠지만, 간혹 나쁜 심성에서 남에게 씻지 못할 피해를 주는 무례함이 있어 사회를 어둡게 하고 있다.

거짓말은 본래부터 있었던 게 아니다. 약속을 제대로 지키지 못하면서 자연스럽게 시작되었을 것이다. 시간적인 약속, 금전거래의 약속 지연이 문제를 불러오고 사건화되기도 했다. 이런 어쩔 수 없는 사연 발생으로 신뢰를 잃게 되고 틈이 벌어지게 되어 법의 심판대에 서기도 한다.

약속을 안 지키는 것과 지키지 못하는 것은 엄연히 다르다. 찢어지게 가난한 사람들, 아무리 노력해도 그 대가에 미치지 못하는 능력의 한계에서 오는 거짓을, 어떻게 진실을 외면했다고만 보겠는가. 가진 사람보다 어쩌면 삶의 수단 면에서 능숙하지 못한 원인 때문이리라. 즉 무능과 무지, 가난에서 오는 거짓은 진실과도 타협할 수 있지만 터무니없는 이해관계에 얽힌 계획적인 거짓은 실로 위험한 상황을 만들기도 하고 용서할 수 없게 된다. 거짓말은 부당한 이권개입의 도구로 쓰이기도 했고 어쩔 수 없는 도피처로도 이용되었다. 고의든 아니든 거짓말은 법적으로는 사기라고 규정하고 있다.

특히 이 시대 최고의 사기꾼은 정치하는 사람들이다. 국가와 민족을 위해 뽑아줬건만 오히려 자기 배만 불리려 싸움질만 일삼는 난장판이 국민을 실망시키고 있다. 한 표 얻기 위해 순한 양이 되어 손과 발이 닳도록 굽실거리던 양이 수양버들보다 부드러웠다가, 당선되고 나면 독사 대가리처럼 치켜드는 고개는 좀처럼 숙어지지 않는다. 권좌에 앉으면 권위주의가 발동하는 것인지 중앙에서부터 썩은 정치는 말단 지방에까지 그대로 유입되어 쉬이 근절되지 않고 있다. 우리 헌정사에서 본받을 만한 정치인이 과연 몇이나 되는가. 지금이 시간에도 당리당략에만 연연하여 국가와 민족에는 관심 없어 보인다. 일반 서민들의 눈과 귀를 막아 놓고 양껏 욕심부리다가 마지막에는 모르쇠로 귀결 짓는 것이 공통된 관행으로 굳은 지 오래다.

어느새 거짓말은 정치인의 전유물이 되어버렸다. 하지만 필요악으로 쓰인 거짓말이나 어쩔 수 없이 불가항력으로 일어나는 거짓말은 각기 그 차이의 경중에 따라 평가했으면 한다. 거짓말! 이것은 좋지 않은 것만은 분명하다.

비 오는 날의 명상

J형! 지금 밖엔 비가 추적추적 내리고 있습니다.

옥수수 잎을 타고 내리는 빗방울을 보고 있노라면 새삼스럽게 그때 일들이 되살아나곤 합니다. 이미 반세기를 훌쩍 넘긴 세월인데도 쉬 잊히질 않고 말입니다.

1945년, 세계 제2차 대전이 끝나갈 무렵, 여섯 살인 나는 서당에서 흘러나오는 일본말을 신기하게 듣고 자랐습니다. 마을의 작은 동산, 소나무에 종을 매달아 놓고 그 뒤쪽으로는 작은 토굴도 있었습니다. 비행기가 나타나면 종을 치고 동네 사람들은 토굴에 숨었습니다. 그때 들었던 '히꼬~끼' '도스께끼'라는 일본말도 기억에 생생하고요.

해방이 임박한 어느 날, 정찰 비행기가 전국 곳곳을 샅샅이 뒤지고 다닐 때였습니다. 나는 막내 고모님 등에 업혀 토굴로 피신 가다가 하마터면 비행기가 뿌리는 총알 세례를 받을 뻔했습니다. 엉겁결에 마을 뒤편 옥수수밭에 몸을 숨겼습니다. 비행기가 지나가나 싶었는데 만지도 뒷등에서 폭격이 시작되고 시커먼 연기가 치솟았습니다. 아마 군수선과 일전이 벌어진 모양입니다. 그게 마지막 발악이었는지 알 수 없는 일입니다.

J형! 전후 세대들은 구전으로나 전해들은 일들을 생생하게 간직하고 있는 우리들은 계속 함구하고 있어야 합니까, 아니면 이제는 진실을 말해줘야 합니까.

1950년 6·25가 터지자 순식간에 인민군이 밀고 내려와 임시수도를 부산으로 옮긴 일이 있었지요. 우리 고장 원문고개에서도 치열한 교전이 있었습니다. 대포 소리 총소리가 콩 볶듯 난무했지요. 쌍방에서 쏘는 총알들이 불화살처럼 왔다 갔다 했으니까요, 주변의 건물과 가정집에까지 총알 자국이 남아 있었지요.

내가 있던 섬마을에는 피난 온 고모님 가족들로 북적댔습니다. 타지에서 온 피난민들은 바닷가에 밀려든 작은 나무토막이나 풀뿌리들까지 주워 말려서 불을 지피고 해초를 뜯어 깡통에다 국을 끓여 연명했습니다.

그러다가 해가 바뀌고 전쟁이란 위급상황도 식상해졌을 때인가 봅니다. 총을 든 군인들이 살쾡이처럼 설쳐댔습니다. 사람들은 벌벌 떨고 기도 못 폈으니까요. 청장년들을 닥치는 대로 잡아갔지요. 전쟁의 총알받이로, 또는 보국대란 명분으로, 아마 인천상륙작전 후인가 봅니다. 그때 어이없는 일을 목격했지요. 이웃 마을 작은 선착장 옆, 얕은 물에 놀고 있는 작은 물고기를 잡겠다며 총을 쐈는데 건너편

초등학교 뒷집에서 갑자기 울음바다가 되더군요. 총알을 맞고 사람이 죽었다나요. 그 총알은 물속에서 굴절된 것이겠죠. 그렇지만 그 군인은 어떤 처벌도 받았다는 말을 들은 적이 없고, 망자에 대한 보상도 없었다나 봐요.

조금 후에는 어선이란 어선들은 죄다 거제도로 집결시켰지요. 심지어 작은 전마선까지 깡그리 끌고 갔지요. 인민군의 수송수단을 차단한 일이라나요. 우리 집에도 삼대선(돛 3개짜리 풍선)은 끌려가고 0.5톤 되는 전마선은 호랑이 할머니 고집으로 뭍에 엎어 두었는데 군인들이 도끼로 밑창을 박살냈습니다. 동네에서 할아버지도 그 누구 억센 남정네들도 할머니를 이기는 일을 못 봐온 나로서는 군인들과 다투는 할머니의 기상에 쾌재를 느끼면서도 한편으로 겁이 났습니다. 그러나 군인들은 별수 없이 할머니에게 지고 말았습니다. 그 후로 그 배를 마을 뒷등 갯가 방축에 비스듬히 엎어 두었습니다.

J형! 그땐 전쟁이 왜 일어났는지, 사상과 이념이 뭔지도 몰랐습니다. 온 바다에 나무 등걸 같은 시체가 둥둥 떠다닐 때입니다. 그해 해삼과 문어가 많이 잡힌 일도 생각나고요. 우익이니 좌익이니 사상검열을 하여 무고한 양민들을 마구잡이로 처형할 때인가 봅니다. 우리 고장에서도 포대를 뒤집어씌운 양민들을 명정골 뒷산으로 끌고가 형장의 이슬로 사라지게 한 사건도 있었답니다. 심지어는 바닷가에 일렬로 세워 놓고 손과 발을 굴비 엮듯 묶고 발목에는 돌을 채워 총알 세례로 난도질을 했다는 후문도 있고요. 그로 인해 부패된 시체들이 밀물 따라 갯가에 밀린 것이 많아 송장나루터, 송장개란 이

름이 더욱 확실해졌고요.

그때도 오늘 같은 궂은비가 추적추적 내리던 날이었습니다. 할머니의 성화에 못 이겨 동갑내기 고종사촌형과 전마선의 물봉을 주우러 갔습니다. 비스듬히 엎어 둔 사이를 들어가다가 기겁을 했습니다. 젊은 남녀 시체가 손발이 묶인 채 그 속에 누워 있었습니다.

마침 방축 위 밭에서는 한창 옥수수대를 뽑는 작업을 하고 있었기에 무서움이 덜했습니다. 물봉을 주워들고 옥수수대를 한 아름 얻어와 질겅질겅 씹었습니다.

J형! 6월이 오면 가슴이 답답해지면서 왜 그때 일들이 자꾸만 뇌리를 스치는지요. 지금 지구촌에서는 세계 평화공존의 무드가 무르익고 있습니다. 6자회담이 원만히 성사되어서 세계평화가 정착되고 통일이 되면 우리는 후세들에게 지난 일들을 어떻게 설명해야 하나요?

요즘 항간에는 친일인사니 용공 분자니 하며 떠들고 있지만, 그 당시 시대상에 비추어 볼 때 동족인 인민군에게 밥 한술 주었다고 큰 죄가 됩니까? 그 시대를 풍미한 글 한 줄 남겼다고 친일이라고 단정 지을 수 있습니까? 이는 순수한 인간의 본성(本性)과 감성(感性)의 발로(發露)입니다.(물론 그중에 악덕 분자는 그렇게 치부해도 상관없지만)

조국과 민족에 기여한 공로도 인정되었으면 하는 바람이고, 좀 더 깊은 사고(思考)의 판단이었음 좋았을 걸, 아쉽기도 하고 왠지 가슴이 아픕니다. 조국을 사랑하는 마음이야 우리 민족 누구든 한결같았으련만.

비는 아직도 계속 내리고 있습니다. J형!

이제는 진실이 밝혀질 세월이 지났는데, 비가 그치고 나면 이 어두운 마음도 활짝 갤 날이 올까요?

(2009)

추억의 창 1번지

책을 정리하다가 오래된 음악 노트를 발견하여 감회가 새롭다. 등사지를 철필로 긁어 프린트한 오선지에 펜으로 정갈하게 악보를 적은 필사본이다. 겉장은 없고 색이 누렇게 바래진 데다 때가 묻고 얼룩 자국이 어룽져 있다. 내가 사회에 첫발을 내디뎠을 때의 증표 중의 하나이기에 우선 반갑고 정겹게 다가온다.

1959년 고등학교를 졸업하던 그해 10월, 섬마을 초등학교에 근무하면서 학생들에게 가르쳤던 것이다. 이미 반세기를 훌쩍 넘은 지금, 어디에 숨었다가 덧니처럼 살아남았는지 궁금하기도 하고 그때의 아련한 추억들을 불러내기도 한다. 내게 있던 108곡 집에서 가려 뽑은 것과 옛 동요들을 주로 실었다. 한 장 한 장 넘기는 갈피 속에서 잊힌 기억들이 새록새록 살아나서 나도 모르게 흥얼거려 보는 재미에 빠졌다.

내가 즐겨 부르고 학생들에게 가르쳤던 것은 일제에 억압된 민족사를 대변한 '봉선화', 이별의 설움을 애닯게 담은 '기러기', '클레멘타인', 그리고 고향과 어머님 사랑을 생각하게 하는 '고향생각', '즐거운 나의 집', '옛 동산에 올라', 'Santa Lucia', 'Danny Boy' 같은 외국곡도 곁들여 있고 영화 주제가, 새마을, 재건의 노래 등 체육, 율동시간에 주로 쳤던 March곡 몇 편까지 60여 곡이나 수록되어 있다.

한창 사고력 발달 과정의 상급생들은 교과서 외의 정서적인 것, 경쾌하고 발랄한 감성에 맞는 것을 선호한다. 나 또한 정들었던 학우들과 이별하던 졸업의 허탈함과 그리움에 젖어 있던 터라 심란한 마음을 달래기에 한몫한 것이다.

아들 칠 형제 중에 장남이었던 내가 쓰던 방을 객지 생활을 하는 동안 동생들이 내리받아 사용하면서 귀중한 책과 물건들, 애써 모아둔 천여 통의 편지까지 깡그리 없어지고 이것만 남았기에 더욱 애착이 간다. 종이가 귀한 때여서 화장실 휴지로, 불쏘시개로 모두 사용했다니 이제 와서 세월을 되돌릴 수도 누구를 원망하고 나무랄 수도 없다.

내가 근무한 학교는 학생 200여 명에 선생님 일곱 중에 총각 선생 셋, 처녀 선생 둘의 작은 학교였다. 모두 한 가족 같은 분위기 속에서 아이들 가르치는 재미에 학창 시절의 학우들과 교회 학생회 때 정을 쌓았던, 남녀 학생들의 모습들도 차츰 세월 속에 묻히어 갔다. 토요일 오후와 일요일엔 교실의 책상 위에 칠판을 걸쳐 놓고 점심도 굶어 가며 종일 탁구를 쳤고 오르간의 건반을 두드리며 암울한 마음을 추스르기도 했다.

가정실습 때나 방과 후엔 막걸리에 취해 가며 학부형들과 어울려도 보고 좋은 일 궂은일에는 동민의 일원이 되기도 했다. 특히 다도해의 섬마을 바다는 호수처럼 잔잔해서 달 밝은 밤이면 뱃놀이도 즐겼다.

배는 은파 속에 묻혀 물 따라 흘러가고 취흥에 겨운 노래는 수평선 너머까지 메아리쳤다. 가까운 동산 기슭을 돌아들면 오붓한 백사장이 펼쳐지고 병풍처럼 두른 바위산 뒤로 저 건너 바다까지 보였다. 그땐 두려움이나 아무런 제약 없이 시간과 세월을 끌어안고 밤이 이슥토록 청춘을 불살랐다.

이렇게 그때 그 시절이 나의 뇌리에 도사리고 앉아 쉬 떠나지 못하고 맴을 돈다. 가만 눈을 감으면 즐겁고, 애련에 젖었던 일까지도 엮이어 나온다.

물 빠진 갯가에서 톳이나 미역을 캐고 바위틈에서 고동도 줍고 따개비 따던 일, 그믐밤에는 횃불 밝혀 낙지, 털게, 해삼도 건져 올리고 군밥으로 시린 배를 채우던 일도 다가온다.

밤늦게까지 학습지도안을 작성하고 무료함에 선창에 나서면 으스스 불어오는 바람에 오동잎 지는 소리와 댓잎 부딪히는 소리도, 발 아래 찰랑대는 은파의 몸짓도 나를 몸살 나게 만들었다. 더 나아가지 못하는 학업에의 길, 미래의 진로 문제까지도 복잡하게 가슴을 짓눌러 왔다. 물결 위에 나도 모르게 슬픈 운명의 노랫소리가 둥둥 떠다니며 번져 흘렀다. 아 옛날이여~ 그러나 그들은 학생들과의 졸업 사진 네댓 장 남기고 모두들 제 갈 길을 떠나갔다. 지금도 내가 건반을 두드리면 등 뒤에서 따라 불러주던 그 사람들이 달려올 것만 같다.

나와 하얀 밤을 지새워 가며 함께 한 것이기에 구겨진 살을 펴 가며 앞, 뒤 새 표지를 갈아 입혔다. 그리고 가만히 쓰다듬어 본다. 곧 즐겨 불렀던 노랫소리가 갈피를 열고 새어 나올 것 같다.

"새벽하늘에 빛을 잃고서 쓸쓸히 남아 있는 별
내 가슴 속에 살아 있는 꿈, 아름다운 슬픈 꿈."

만용(蠻勇)과 관용(寬容)

성하(盛夏)를 시(詩)로 적던 매미 울음소리가 폭염에 지쳤는지 농아가 되어 버린 지 오래다. 예전 같으면 입추(立秋)는 가을로 들어선다는 뜻인데, 말복(末伏)을 지나 처서(處暑)가 가까웠는데도 37~38℃에서 물러설 기미가 보이질 않는다.

텃밭의 고추와 가지, 애호박 넝쿨도 기진맥진하여 축 늘어진 폼이 생을 마감하려는 나약한 모습으로 비춰진다. 엊저녁에 환자에게 수혈하듯이 물을 듬뿍 뿌렸는데도 다음 날 오후쯤이면 열사의 땅 사막보다 더한 입덧으로 바짝 마른 땅바닥은 측은지심 그것이었다. 이로 인하여 매일같이 물을 주다가 며칠 거른 적이 있었다.

아니나 다를까? 통통하게 살쪄 가던 가지가 만져보니 쭈글쭈글한 할머니 젖무덤 같이 곯아 있고, 고추도, 호박넝쿨도 성장을 멈추는 듯 단풍잎을 닮아 갔다. 소 잃고 외양간 고친다는 말이 생각나 이날부터 물을 흠씬 주어 매일매일 점검을 하였다. 역시 정성을 쏟은 만큼 자연은 보상을 잊지 않는다. 신기하게도 배곯은 아이가 모유를 먹고 방긋방긋 웃으며 달덩이같이 차오른 배를 내밀 듯이, 탱글탱글한 열매며 싱싱하게 물오른 잎새들을 보는 마음 흐뭇하다. 게다가 생기를 찾은 호박잎이 버짐처럼 피어올라 새롭게 새 생명을 달고 살쪄 가고 고추도 만산홍엽처럼 빨갛게 익어가고 있음에 감사한다.

한 번쯤 비가 와 해갈이 되었으면 좋으련만 장마전선은 중부지방에만 머물고 있다. 자연과 인간이 서로 공생하는 잣대는 인간에게 있는데 우리는 너무 등한시한 게 아닌가 싶다. 인간이 저지른 무지가 현실로 드러나고 있다.

해마다 이상기온으로 봄, 가을이 없어지고 이른 여름 다음엔 바로 겨울이다. 그것도 혹서(酷暑) 아니면 혹한(酷寒)으로. 선풍기 앞에 웃통을 벗고 있어 보지만 땀샘이 기능을 잃었는지 끈적끈적한 소금기를 계속 화선지에 먹물 번지듯 토해내고 있다.

열대야는 아무래도 자연의 순풍이 제격인 것, 해 질 무렵 집을 나섰다. 가까운 곳에 공설운동장이 있다. 그 언덕에 올라 거닐면서 땀도 식히고 헝클어진 마음과 머릿속도 헹궈 내고 나태해진 육신을 재충전하고 싶었다. 가만히 있어도 땀이 주체할 수 없이 흐르는데 운동장엔 걷기 운동에 한창 열을 올리는 사람들이 많았다.

대부분이 중년을 넘어선 남녀로 저마다 건강미를 다듬고 있으리라. 다들 먹을 만큼 먹었을 것이나 자신도 모르게 비곗덩어리로 변한 육신들, 편리한 생활 문화에 게을러진 생활 습관이 화를 부른 것일까? 보릿고개를 경험한 사람들은 눈덩이처럼 몸이 불어나고 두꺼

비처럼 빵빵한 배가 나오면 사장 되겠다고 선망의 눈길을 주기도 했었지만, 그것은 숨은 우환을 알지 못한 무지의 소치였다. 세상 참 많이 변했다. 못 먹어 안달하다가, 적게 먹으며 몸매를 가꾸는 다이어트의 세상으로 변했으니 격세지감을 느끼게 한다. 나 또한 애써 절제해도 올챙이처럼 한번 나온 배는 좀처럼 줄어들 기미가 보이지 않음을 탄식해 본다.

한창 성장할 시기인 십 대에서 이십 대까지 배불리 먹어 본 기억이 없다. 보리밥에 고구마, 강냉이, 빼때기죽으로 때웠는가 하면 묽은 강냉이죽에 쌀 몇 톨 둥둥 띄워 저녁을 나기도 했다. 심지어 다음날 아침밥을 위해 애벌 삶아 둔 보리쌀을 물과 함께 훌훌 넘기기도 하였다.

그게 한이 되어서였을까? 그 후부터 나는 과식하는 버릇이 생겼고, 무엇이든 못 먹는 게 없게 되었다. 혐오 음식을 제외하고는 육, 해, 공은 물론 국물 한 방울, 밥알 하나까지 남김없이 처리한다. 마치 수도승들이 바리 사발을 비우는 것처럼….

그러나 그건 무리한 도전이었고 자신도 모르게 어두운 그림자가 온몸에 서서히 드리워지게 되었다. 무절제한 습관이 누적되어 이상 체형을 만들어 버릴 줄이야. 계단을 오르거나 길을 걸어도 숨이 가빠옴을 쉽게 느끼고 발걸음 또한 천근만근 무게로 다가왔다.

드디어 1990년 부산의 물리단식원에서 12일 만에 70kg이 넘는 체중을 10kg을 빼고 37에 육박하던 허리를 34로 줄이는 데 성공했다. 생수(生水)만으로 규칙적인 생활에다 적당한 운동, 냉온욕, 풍욕,

전기(된장) 찜질 그것의 효과를 톡톡히 본 셈이다. 그러나 그것보다 회복 기간이 더 중요하다. 짠 것, 매운 것을 삼가고 하루 두 끼의 소식(小食)으로 체질 개선을 해야 한다. 처음엔 조심했으나 방심이 더께처럼 쌓여 용두사미가 된 지금 무엇이든 과하면 화를 부른다는 말이 실감 나는 요즘이다.

복근운동을 하루 200번만 하면 지방 덩어리가 제거된다기에 쇼리의 운동기구도 샀다. 그것도 잠시뿐, 이제는 게으름과 무관심이 도를 넘어서고 있다.

그래서 문화원의 문화학교를 걸어서 다니면서 나름대로 체중 조절을 하고 한 끼 아니면 두 끼의 소식으로 안간힘을 쓰고 있다. 이런 무례를 저지르고 있는 나를 보면서 희미해져 가는 기억하나 떠올려 본다.

가두리 양식을 할 때다. 어느 날 시중에서 일을 보고 오후 세 시쯤에 어장에 들렀다. 그물 칸 안에는 인기척에 놀란 갈매기 한 놈이 빙글빙글 돌면서 겁에 질려 왕방울만 해진 눈으로 어쩔 줄 모르고 있었다. 다가가도 도망가지 못하고 그 짓만 계속하고 있다. 얼마 전에 입식한 치어(稚魚)를 포식한 모양이다. 물먹은 솜처럼 날개 죽지에 물이 흠씬 젖어 운신하기가 어려운 모양이다. 그림자에 놀란 고기들이 물 아래로 움츠러들자 군함조의 내리꽂기를 흉내 내어 만용을 부리다가 저 모양이 되었을까? 이제는 죽은 목숨, 나의 처분만 남았을 뿐이다. 어쩐다? 가만히 생각해 보니 저놈의 만용이 나의 식탐과 무엇이 다르랴. 나도 조심하지 않으면 잘못 판단하는 그 무엇에 의하여 죽을 수도 있겠구나 싶었다.

그물 족자로 건져 올리는 내내 꺽꺽 알 수 없는 설움을 토해내고 있다. 놀라지 않게 뗏목 귀퉁이에 올려놓고 자리를 피해 엿보고 있었다. 부리로 날갯죽지를 펴서 고르고 몸을 흔들어 열심히 물기를 털어 내더니 한 30여 분 지났을까? 두어 번 고개를 주억거리며 주위를 살피더니 건넛마을 쪽으로 유유히 날아갔다.

멋모르고 욕심대로 먹어 화를 부른 나의 입장과 갈매기는 만용(蠻勇)이고 너그럽게 봐준 나의 행동은 관용(寬容)에 해당할까?

그놈은 잘 살아가고 있는지 궁금해진다.

(2004)

점(点) 하나의 의미(意味)

그날 이후 나는 이상한 버릇이 하나 생겼다. 길을 가다가 즐비한 간판들을 만나면 점을 하나 더해 보거나 빼어 버리기도 하고 안팎으로 바꿔 보고는 고소를 금치 못한다.

책이나 신문을 읽을 때도 마찬가지다. 사람 이름, 물건 이름까지도 실험 대상이 되기도 한다. 사람들에게 살아가다가 제일 급한 일, 가장 편한 곳이 어디냐고 묻는다면 무엇이라고 답할까?

먹고 사는 일에서부터 죽는 날까지 저마다 가지각색이겠지만 나는 사뭇 다르다.

아침마다 등반을 하는 산 입구에 공중화장실이 있다. 전날 몇 차례의 과음 탓인지 속이 불편했다. 급히 볼일을 보고 나오다가 무심코 쳐다본 화장실 간판이 회장실이었다. 짓궂은 비바람의 짓이거나 장난기 많은 아이들의 소행인지는 알 수 없으나 분명 '회장실'이었다.

순간 십몇 년 전의 일을 떠올려 피식 웃음이 나온다. 그럼 나는 여태 회장으로서 내 할 일을 다 끝내고 퇴실(退室)하고 있는 것인가? 사실 어떻게 보면 그곳은 비록 좁은 공간이긴 하지만 제일 급한 것을 해결해 주는 가장 편한 곳이 아닌가. 아무리 급한 일이 있어도 그곳을 제쳐 두고는 되는 일이 없다.

외부와 완전 차단된 혼자만의 유일한 시간, 그 순간만큼은 누구의 간섭도 구속도 받지 않는다. 인격이나 지적(知的), 물적(物的), 빈부귀천을 따지지 않으며 빚 독촉도, 수색영장도 통하지 않는 곳이다.

잠시나마 명상에 잠겨 지난날의 실패 원인을 분석하고 현재의 위치, 앞으로의 계획, 새로운 사업 구상도 해보고 차분한 마음으로 생각들을 정리해 볼 수 있는 최고의 안식처이기도 하다.

누가 결재를 받으려고 똑, 똑, 똑 문을 두드려도 내 볼일이 끝나지 않으면 문은 열리지 않는다. 급하고 불편했던 내 일상의 모든 것들을 다 평정시킨 다음 비로소 문은 열린다.

사람들은 더러운 것을 안고 있으면서도 외양만 근사하게 모양내고 안 그런 척 능청을 떨고 다닌다. 인간의 이면을 뒤집어 보면 대부분 다 그렇고 그런 것을 가지고 자기의 흉은 덮어둔 채 으스대기도 하고 남의 흉보기를 좋아한다.

어릴 적에는 학교 선생님은 화장실에도 가지 않고 용변도 안 보는 줄 알았다. 그만큼 사람 나름에 따라 정결하게도 보였으리라. 화장실이건 회장실이건 이곳에서만큼은 알몸을 드러내 놓고 순수를 확인받는 과정은 누구나 다 평등하다.

가장 소중한 것도 잊고 살아가는 게 우리 인간이다. 길을 가다가 혹은 찻간에서 급한 일을 당하여 보라. 우선 얼굴 표정부터 새파랗게 질리고 행동 역시 빚에 쫓기는 것처럼 당황하게 되는데 이때에는 세상에서 제일 귀한 것을 내어주고라도 해결하지 않고는 못 배길 것이리라. 자칫 실수하는 날에는 그것같이 추잡하고 더러운 일을 덮을 것이 없다.

얼마 전, 모 신문사에서 5매짜리 칼럼을 청탁받았다. 자연훼손, 환경, 수질오염, 통합 시(市) 등 여태 식상한 글만 보아오던 터라 나는 좀 색다른 것을 택하고 싶었다. 흙 한 줌, 돌 하나, 벽돌 한 장에도 큰 의미가 부여되듯이 점 하나에도 무궁한 변수가 작용함을 알게 되었다.

잠재하고 있는 의식을 일깨워서 재미있고 감미로운 맛을 살리고자 밤을 새워 머리를 짜냈다. 한정된 매수여서 하고 싶은 말도 최소한 줄였다. 이미 희미해진 기억 저쪽에서 머뭇거리다가 퍼뜩 현실로 되돌아오는 일이 되어버렸지만 어째서 그때 일을 새롭게 떠올렸을까.

십수 년 전, 빼앗긴 권리의 보상 문제로 중앙의 모 기업 회장실을 찾아갔을 때였다. 회장은 자리를 피해버렸고 중역들의 무성의하고 석연찮은 답변을 뒤로하고 나오던 피해자들이 '회장실'의 글자에다 점을 하나 붙여놓고 나왔다.

얼마나 억울하고 분했으면 점 하나에 울분을 달랬을까. 갑자기 '회장실'이 '화장실'이 돼버린 것이다. 보통 때 같았으면 박장대소가 터질 듯한 일이나 하나 같이 근엄하고 굳은 표정들뿐이었다. 지금 와서 가만히 생각해보면 그 글귀가 맞는 것처럼 느껴진다.

말단의 직장생활에서 계장, 과장, 부장을 거쳐 사장 자리에 오르고 난 다음 회장의 마지막 종착역에 다다른다. 그 후엔 세월 저편에서 반겨줄 것이라곤 화장실밖에 더 있겠는가, 끝의 '실' 자를 떼어내어도 '회장'은 '화장(火葬)'이 되니 결국 마지막 단계에 이르렀다는 뜻이다. 또한 '전무(專務)'는 점이 밖으로 찍히면 '잔무(殘務)'이니 아직 할 일이 남았다는 뜻이 된다.

이렇게 점 하나를 더하거나 안팎으로 찍으면 전혀 다른 의미가 되며 서로 일맥상통함을 느끼게 된다.

시정을 이끌어가던 '시장'도 사회에 나와 사업에 손을 대면 '사장'이 될 수밖에 없다. '시기'가 지나치면 '사기'가 되고 '집념'이 강하다 보면 '잡념'도 생기기 마련이다.

사람이란 하나에 하나의 받침목이 더 있어야 비로소 사람인(人) 자가 되는 것처럼 점 하나에 '너'가 '나'가 되고 '나'가 '너'가 되니 내가 있어 남이 있고 남이 있어 내가 있는 것이기에 혼자서는 살 수 없는 세상 이치다. 태어나서 기어 다닐 때 '긴다'에 점이 붙으면 이미 어딘가 가고 있다는 '간다'가 되고, '선다'는 세상을 살아간다는 '산다'로, 사는 동안 무거운 '짐'을 졌으니 또한 휴식의 '잠(죽음)'이 기다리는 것이다. 자기를 낮추는 '항복'은 '행복'이 되고 뜻있는 '회합'은 '화합'이 되며 '인정'이 넘치면 '안정'이 된다.

우주 공간에 한 점 먼지만도 못한 우리 인생, 비록 주어진 일에

충실하지 못했다 해도 항상 남의 입장에서 한번쯤 뒤돌아보며 살자.

남아 있는 세월의 '빈잔'에 그동안 소홀했던 정을 '반잔'쯤이라도 채워가면서 슬기롭게 살아보자. 대인관계에서 정다운 친구, 부모형제, 처자에 이르기까지 다정한 '님'이 '남'이 되기 이전에.

점은 꼭 필요한 곳에서 제 역할을 다하고 있다. 그런데도 나는 여태 이것도 저것도 아닌 엉뚱한 길에서 허우적거리지나 않았는지. 새삼 점 하나의 의미를 되새겨 분명한 점으로 남고 싶다.

(1994)

창조주 하느님은 잔인하다

자연 생태계의 삶은 언제나 긴장의 연속이다.

창조주는 모든 피조물들에게 살아남기 위한 수단과 방법, 능력을 부여했다. 동물의 세계에서 약육강식의 생존본능은 필수이지만 인간 사회에서도 이와 맥이 통한다. 남보다 뛰어난 지략으로 이를 교묘히 이용하며 살아간다. 먹고 먹히며 사는 세상, 모래톱에서 미생물을 먹고 자란 물고기나 다슬기, 곤충들은 큰놈들의 먹이사슬이 되고 그들은 또 더 큰놈들에게 희생양이 된다.

물에 사는 물총고기는 물을 튀겨 뭍에 있는 곤충을 잡아먹고 맹금류인 독수리나 매는 작은 조류나 토끼, 쥐 등을 잡아먹는다. 사마귀 암놈은 정사 후에 수놈을 잡아먹으며 희열을 느낀다.

초원의 황야에서 펼쳐지는 맹수들의 사냥 현장은 스릴 넘치고 숨막힘의 연속이다. 육식을 하는 사자, 호랑이, 치타는 주로 초식동물을 사냥하는데 얼룩말, 멧돼지, 가젤, 누, 들소 등을 먹잇감으로 한다. 야생동물들은 건기, 우기를 가려가며 약 600킬로의 여행 영역 안에서 쫓고 쫓기는 공방전이 펼쳐지고 난 후 평화가 온다. 치타는 보통 600미터 이내에서 먹이 공략을 하는데 그 이상은 산소 부족과 지구력 부족으로 공략이 어렵단다. 남의 생명을 담보로 하는 맹수 새끼들은 사냥할 줄 모르니 어미에게 의존해서 살 수밖에 없다. 반면 초식동물의 새끼는 태어나자마자 맹수들의 밥이 되기 쉬워서 1시간 안에 걷고 뛰어야 한다.

가끔 TV에서 동물 세계의 참상을 접하게 되는데 쫓고 쫓기는 과정에서 사자들은 큰 누(gnu)나 들소들의 목덜미를 물고 늘어지며 숨통을 끊는 순간의 처절함은 애처롭다기보다 섬뜩하다. 가쁜 숨을 몰아쉬며 고통스러워 뿔로 받고 발길질을 해도 속수무책. 그 광경을 구경만 하는 누 무리들, 한바탕 폭풍이 일고 난 후 한 생명의 희생으로 다시 평온을 되찾고…. 이러한 사냥은 타이밍이 적절해야 하고 지루한 인내심과 지구력을 요구한다. 사냥감이 없을 때는 며칠씩 굶고 때로는 습지의 물로 주린 배를 채우기도 한다. 열사의 땅, 한낮의 태양은 불바다처럼 뜨겁고 물이 있는 습지는 맹수들에게 목을 축여주는 사막의 오아시스다. 먹이를 쫓다가 선전포고와 같은 남의 영역을 침범했다가 몰매 맞고 쫓겨나기도 하는 현장은 살벌하기 그지없다.

긴장의 순간들은 지구상의 모든 영역에서 자행되고 있고, 지금 이 순간에도 예외는 아니다. 수십만, 수백만의 정어리 떼들은 인간의 그물망을 피해 산란을 위한 항해를 하는데 그 과정이 눈물겹다. 돌고

래의 추격은 수심 30미터까지 이어지고 상어, 가오리 떼를 피하면 해변에서는 또 군함조의 습격을 받는다. 이렇게 한 달간의 광란의 사냥을 피해 필사의 마지막 항해 끝에 살아남은 놈들만 산란장에 이른다. 피를 부르는 죽음의 문턱, 약육강식의 현장은 잡아먹는 놈은 살기 위한 몸부림으로 즐거우나, 먹히는 놈의 끔찍한 고통은 무엇으로 보상할 것인가.

인간 역시 다 같이 선택받은 인간으로 태어났음에도 삶의 질은 공평하지 못하다. 빈부의 격차는 부지런함과 이미 정해진 숙명에 정해져 있다 하더라도, 지적장애인이나 천형 등의 병마에 시달리는 삶은 차라리 죽음 그 이상의 고통과 몸부림의 연속이다. 자연재해나 지진, 쓰나미, 홍수 피해를 주어 실의에 빠지게 하는 것도 경고 메시지라고 하기에는 어쩐지 자애롭지 못하다고 느껴진다.

창조주 하느님은 천지 만물을 창조하실 때에 필요 외의 피조물은 만들지 않았다고 한다. 그러므로 생명 중시의 표본이 돼야 하거늘 태초에 선악과 때문에 이브로부터 원죄의 발단이 됐다고는 하나 하느님은 잔인하다. 그 무한한 능력으로 평정할 수도 있으련만 잔인하고 처참한 생존 현장을 보면서 혼자 즐기고 있는지도 모를 일이다.

맹금류나 맹수, 모든 동물들의 먹이를 초식으로 정해줬으면 처절한 삶의 현장은 없지 않았을까? 천국은 아픔도, 슬픔도, 모자람도 없는 사랑이 넘치는 세계라고 알려져 있다. 하느님은 모든 피조물들에게서 사악한 마음과 욕심은 거둬들이고 사랑으로 충만케 관용을 베풀어야 했다. 사탄과 인간에게도 창조주 하느님께 대항할 능력을 주지 말았어야 했다. 하느님은 모든 것을 용서하고 포용할 수 있는 너그러운 분으로 알려져 있었는데 나는 오늘 과연 창조주 하느님에게 자애로운 사랑과 권능이 있는지 의문을 제시한다.

(2011)

영원한 숙제

이 길에 들어선 게 잘못인가? 감당하기에 벅차 고민에 빠져 있다. 어쩌다 멋모르고 여기까지 흘러왔는지, 전달은 제대로 됐는지, 철들자 이별이라더니 깨닫게 돼도 근원적인 해법에는 미치지 못하고 있다.

내가 여태 뱉어낸 활자들이 얼마만큼 유용하게 사회에 기여했는지, 되려 공해만 발생시키지 않았는지 궁금해진다.

허구적 픽션(fiction)이 아닌 진실 위주의 자기 고백적인 수필은 소재 위주의 그 현상만을 표현하는 것이 아니라 조화롭게 살아야 하는 길까지도 함께 제시해 주어야 한다.

인간은 사회적인 동물로서 여타 동물들과 비교할 수 없는 높은 지능을 갖고 있어서 이것이 일반 동물들과 다른 점이란다. 즉 인간이 자기 자신의 욕망을 최우선으로 생각하는 자기중심적 이기적인 동물이라는 점에서 근본 바탕은 이기적이고 악한 속성을 갖고 있지만 높은 지능과 사회적인 관계를 통해서 적절히 제어하고 질서와 조화로운 인간 세상을 유지하고 만들어 나간다는 것이다. 더 나아가서 인간은 자신의 근원적인 한계를 초극하고자 예술, 종교, 진리 탐구, 사회봉사를 통하여 진, 선, 미 성을 추구하는 것이란다. 궁극적으로 바라는 바는 바로 이처럼 자신의 한계를 초월하여 자유를 얻는 것, 해탈하여 영원한 행복을 얻는 것이라 한다.

그러나 아직도 근본 바탕의 한계를 벗어나지 못하고 있고 그 무엇으로도 해결 못 하는 병폐로 남아 있다. 왜! 인간만이 가지고 있는 높은 지능으로서도 이를 극복하지 못하고 있는 것일까?

인간이 만물의 영장이라고 하지만 동물의 세계에서 보면 어떤 능력 면에서는 부족한 게 너무나 많다. 육식을 하는 동물이나 조류, 어류들은 털이 있는 짐승들과 살아 있는 생선을 뼈째 통째로 삼켜도 거뜬히 소화해 내고 초식동물들도 독초를 가려낸다. 인간은 소수의 연구진에 의해 소화효소나 독초를 구분하는 방법을 알아냈을 뿐 전체는 아니다. 그러나 동물의 세계에서는 미물마저도 전부 다 안다. 그리고 인간처럼 비축하거나 쌓아두지도 않는다. 취할 만큼 취하고 나면 욕심이 없다.

인간이 자연생태계에서 배울 것이 바로 이점이다. 이기에서 좀 손해 보더라도 이타에 길들여 보면 만사가 편하게 해결되는 것을… 즉 마음 비우기의 실천이다. 능력 범위 내에서 먼저 베푸는 것을 실행해 나가면 남도 따라오게 돼 있다. 나는 가급적 이를 먼저 시도하는 편이다. 비우니까 언제인가 또 채워지더이다.

10대 후반에 읽은 어느 소설 속의 주인공이 되고파 한때 엉뚱한 나래를 펴 본 적도 있다. 살아오면서 역경에 처할 때마다 가끔 이상세계를 동경해 보기도 했다.

여객기가 태평양에 추락했는데 기적적으로 남녀 한 쌍이 살아남아 문명도 미치지 못하는 무변대해의 무인도에서 생활해 나가는 장면이었다. 거기에는 가식이나 한 점의 이기도 없는 오직 서로만 믿고 의지하며 원초적인 삶을 살아가고 있었다. 그 작은 섬에서만 얻을 수 있는 열매와 해초, 해산물로 일상을 해결할 뿐, 사치스러운 한 벌 옷도 부끄러움도 없는 그런 곳, 나무를 꺾어 움막을 치고 작은 동굴에서 생활하다 자연에 동화되기도 하고 해조음 따라 천진스러운 낭만도 즐기고 허례허식 근심 걱정 없는 그런 곳, 그 주인공이 바로 나였으면 했다.

우리의 사명이 문장으로 의사 전달하여 세상을 밝게 하는 것이라면 미사여구나 간편 단조로운 내용으로 울림 주는 것도 좋지만 자신이 먼저 변해야 한다. 타에 존경받는 모범의 언행일치가 갖춰져야 한다. 초정 김상옥 선생은 글을 쓰기 이전에 먼저 사람이 되라고 늘 강조하셨다.

서툰 선지식 갖고 자신밖에 모르는 이기주의, 안하무인이 되지 말자.

비교적 말은 적게 하고 남의 말도 들어 줄줄 아는 여유를 가지자. 나만 알고 있는 것 같지만 묵언의 그늘 속에는 나보다 훨씬 많은 것이 감춰져 있다.

풍상을 겪지 않은 거목이 없으며 모난 돌도 세찬 파도에 시달려야

모가 닳고 몽돌이 된다. 인간관계도 세 번을 싸워봐야 친한 사이가 된단다.

빈 깡통이 소리가 더 요란하고 얕은 물이 시끄럽게 흐르고 깊은 물은 소리 없이 흐른다. 빙하도 물 위에 드러난 것보다 잠겨 있는 부분이 훨씬 크단다.

어느 날 카톡 방에서 덕담을 논하기에 대현여우(大賢如愚=크게 어진 사람은 어리석게 보인다. 뛰어난 현인)라 띄웠다. 있는 듯 없는 듯 조용히 숨어 은둔해도 존재감은 살아 있다는 뜻으로 받아들여도 좋으리라. 그러나 그 반응은 없었다.

인간은 진리 탐구를 통해서나 각종 종교를 통하여 이상 세계를 꿈꾸며 슬기롭게 살아가는 방법을 구한다. 사랑, 자비, 관용, 이해, 배려, 양보 숱한 단어들을 짓뭉개고 살아도 쉽게 주워 들기를 꺼려하고 이기적인 악한 속성을 먼저 치켜든다.

허망된 자존, 이기, 아집, 다 내려놓고 물같이 바람같이 낮은 자세로 살아보자, 기약 없이 왔다가는 바람이나 어디에서 헤어져도 제일 낮은 곳에서 다시 만나 하나가 되는 물처럼 말이다. 그렇다고 성현군자가 되라는 것은 아니다. 최소한 그 선견지명의 현인들의 삶을 닮아가자는 것이다.

인간은 더불어 살아간다. 신(神)이 아니기에 시행착오도 겪게 된다. 명의도 오진을 하게 되고 명판사도 오판을 할 수 있다. 진실은 후에 밝혀진다. 그러므로서 더 성숙해진다.

손수 지은 수의(壽衣)를 몸에 걸쳐보며 갈 날만 기다리는 91세 어느 노파는 살아보니 헛된 욕심, 시기, 질투 다 헛것이더라고, 하나도 가져가지 못하는 것이라고 뉘우쳤다.

인간의 본성(本性), 그것을 담금질해서 선(善)한 본성으로 바꿀 수는 없을까?

인간은 자기 안에 그리는 이상 세계(유토피아)를 족쇄를 채워 가둬 놓고 영원히 풀리지 않는 숙제를 안고 살아간다.

(2021)

선진(先進)으로 가는 길

아직은 멀었다. 그 길이 그리 쉬운 길이 아니다. 우선 변해야 한다. 자신들이 변하지 않고는 어려운 일이다. 자신의 가치는 다른 사람이 정해 주는 것이 아니라 자신이 정의하고 추구하는 것이라는 걸 알아야 한다.

얼마 전에 우리나라가 선진국 대열에 진입했다는 소식을 설핏 들은 것 같다. 그래서 선진국이 되는 조건을 알아봤다.

한국은 이제 모든 분야에서(문화, 산업, 과학, 기술 등) 개발도상국을 거쳐 선진국 문턱을 넘었다고 볼 수 있단다. 그러므로 이제는 선진국을 벤치마킹하여 추격하고 따라가는 마인드가 아니라 전혀 다른 아이디어를 통해서 새로운 영역을 개척하고 창조하는 마인드가 저변에 깔려 있어야 앞으로의 선진국을 넘어서 최고의 선도국으로 나아 갈 수 있을 것이라고 한다.

더불어 개개인도 이미 나와 있는 것을 뒤쫓는 것이 아니라 지속적으로 새로운 토픽, 새로운 기술을 탐구하고 추구하는 것을 최고의 가치로 여겨야 하며 하찮은 것일지라도 아무도 개척하지 않은, 글로벌 인류와 사회에 본인만이 기여할 수 있는 부분을 생각하고 자신의 가치와 보람을 느껴 행복을 추구해야 한다는 것이다.

타인들과 상호 관계 속에서도 살아가다 보면 자연스럽게 선진 마인드가 성립되고 발전되지 않을까 생각한다지만 우리는 먼저 생활습관, 의식구조부터 바꿔야 한다. 현재진행형인 빨리빨리의 문화가 느림의 미학으로 환치되어 새로운 정신문화와 기본 질서가 순리대로 정착되어야 한다.

올바른 판단의 역사관을 바로 세워 정립하고 그 바탕 위에서 정치와 교육이 선도적 역할을 자임하고 나서야만 한다. 정책 하나라도 과거에 잘못 시행된 관행을 세밀히 분석하여 바로 잡고 백년대계를 바라보고 입안해야 할 것이다.

교육도 마찬가지다. 즉 정치와 교육이 정상궤도에 올라 성숙해지면 인성도 따라 변하고 확고한 가치관과 정신세계가 제자리를 되찾을 것이다. 그러므로 사회 전반적인 부분에서도 스스로 정화되고 깨어나서 선진국으로 가는 길을 열어 갈 것이다. 이런 일은 사회 고위 지도층과 공직사회에서 먼저 실행해야 일반 국민들이 따르게 됨은 자명한 사실이다. 정경유착으로 성행하던 부정부패와 각종 사회악을 일소하고 청백리를 부활시켜 청렴도를 진실과 정직 위에 올려놓아 분위기를 완전 뒤집어야 한다.

어느 노 정치가는 제도나 법률을 바꾼다고 선진화가 되는 것이 아니라면서 새로운 시대를 열어간다는 생각으로 나라 분위기를 확 바꿔야 된다고 했다. 또한, 선진국의 청렴 지수가 1위에서 20위인데 우리나라는 100점 만점에 55점으로 세계 39위라고 하면서 이를 극복하는 유일한 길은 반부패 청렴뿐이란다.

그렇다, 그런데도 우리의 현실은 아직 한참 멀기만 하다. 옳고 그른 것도 제대로 구분 못하는 이대로라면 구심점도 없고 미래도 안 보인다. 먹고 싶은 거, 하고 싶은 것 다 하면서 마음껏 자유를 구가해도 정신건강이 비어 있으면 헛것이다. 즉 올바른 영혼이 깃들지 못한 허상을 쓰고 살아가는 허수아비에 불과한 삶은 아무 의미가 없다. 더 이상 자연을 훼손하는 일은 없어야 하고 식품이나 의약품 갖고 농간하는 일도 없어야 한다. 자신이 직접 검증해 보지도 않고 선전 광고비에 현혹되어 국민을 기만하는 일은 범법행위에 해당된다. 인기 연예인들 이제 정신 좀 차리자, 스스로 양심을 되찾아 정직해지자, 지금까지 고정관념으로 고착되어 온 병폐의 고리를 끊어 내고 미래를 향한 새로운 다짐들로 가득 채워 보자, 소득수준으로 선진국을 가릴 것이 아니라 그에 비례해서 사회 전반적인 문제의 모든 것이 한 단계 업그레이드(upgrade)하여 변해야 한다.

지금 세계적 추이로 봐도 문명의 이기는 계속 생산되고 있고 그만큼 인간의 존엄성은 반대급부로 상실되고 있다. 얻는 것도 있지만 잃는 것도 많다. 폰이나 리모콘 하나로 못하는 게 없고 탈것에서부터 드론이나 로봇기계가 노동현장의 노동력마저 뺏어 갔다.

앞으로 인간이 만든 이기가 살생 무기로 둔갑할지도 의문이다.

오존층이 파괴되어 이 순간에도 빙하가 녹아내리고 이상 기온의 온난화로 지구가 중병을 앓고 있어도 대처할 방법에 무감각인 지구인들, 앞으로도 예기치 못할 위험요소가 계속 등장할 것이다. 문명의 이기가 오히려 지구촌의 단명을 재촉하고 있는 것은 아닌지?

선진화로 가는 길이 세계 평화와 직결되는 것이라면 이제 인간의 심성도 지고지순해져서 지금까지 사용되고 있는 전쟁 무기와 핵무기가 전쟁 무기에서 평화공존에 이롭게 이용된다면 선진화뿐만 아니라 지구촌은 드디어 지상낙원으로 다시 태어날 것이다.

(2021)

| 자서록(自敍錄) |

- 아호(雅號): 아남(亞南), 설복도(薛福道)

- 1940년 음 9월 24일(주민등록상 1941. 8. 28.)경상남도 통영군 산양면 저림리 저도 27번지에서 부, 설상봉(薛祥鳳)과 모, 김부귀(金富貴) 사이에서 남자 칠 형제 중 장남으로 태어남.

- 1947년 학림국민학교에 입학하여 6학년 2학기까지 다니다가 외가가 있는 곤리국민학교에서 4개월간 수학하여 제1회 졸업생이 됨.

- 1953년~59년 통영동중학교(8회) 통영상업고등학교(7회) 졸업까지 시내 항남동 253번지 '장춘당 한약방'을 경영하던 둘째 고모님 댁에서 6년간 지냄.

고등학교 때에는 문예부장, 미술부장을 지냈으며 문화동 충무교회(학생회)에서 지육부장을 맡아 주보며 학생 작품집 『감람수』 등을 펴냄, 주일에는 주일학교 반사로 일함.

- 1959년 10월 학림국민학교에서 강사로 근무하면서 후학들을 가르쳤고 이 시기에 마을의 청소년 소녀를 계도하기 위한 4-H클럽을 결성하여 초대회장과 자원지도자로 활동함. 또한, 새마을운동 사업에 관여하여 마을의 각종 입간판을 정비하고 저도 분교장 신설사업에 적극 동참하여 이루어냄.

당시 황기태 군수님은 군 관내 마을 이장, 어촌계장, 새마을 지도

자, 청년(부녀)회장들을 한데 모아 우리 마을에 회의를 유치하였는데 본인이 GP로 작성한 마을 현황과 사업 계획의 브리핑을 직접하게 하였다.

4-H클럽 회원을 동원하여 손수 풍금을 치고 애국가, 새마을 노래, 재건의 노래를 불러 회의를 성공리에 마무리하여 찬사를 받았으며 이때 군수님을 수행했던 백외종 과장은 군청에 픽업하겠다고 하였으나 군 미필로 좌절되고 말았다. 만일 군(軍)을 필했거나 사범학교를 나왔다면 공무원이나 교육공무원이 되었을지도 모른다.

농촌지도소, 경남도지사(양찬우)의 표창을 받기도 했다.

이렇게 5년 세월을 보내고 진해에서 5촌 아저씨가 경영하던 '영신기업사'에 입사하여 일하다가 1967년 4월 대한 석유공사 B-C(벙커C)유 총대리점인 흥국상사 인천 저유소에서 3년간 근무했다. 연료 문제가 심각했던 당시 삼동(겨울) 3개월 동안 자사와 6개 회사 탱크 트럭 수십 대의 배차를 단독으로 해냈다.

철야 작업으로 긴 나무의자에서 새우잠을 자며 곁에 있는 오일 난로를 한 번도 소등한 적이 없었다. 이로 인하여 국내 석탄 소비량이 줄어 소동이 일기도 했다.

이후 서울에서 잠깐 직장 생활과 방황의 세월을 보내다가 1972년 4월 귀향하여 T수협에서 근무하게 되면서 면세 유류를 처음 시범 공급하여 활성화시켰으며 상호금융, 1조 저축, 법인어촌계, 새마을금고 등 모든 신설사업은 내 손에서 이루어졌다. 관내 33개 어촌계의 숙원사업이던 새마을사업도 나의 예지로 성사시켜 주었다. 모셨던 조합장 두 분께서 표창을 받고 1호봉씩 특진을 하는 특혜를 누렸다.

그러나 1980년 5공 시절에 불어닥친 역풍에 순탄하던 생활의 리듬이 깨어지고 말았다. 수단과 방법을 동원한 비리로 상급자들의 코를 꿴 대도(大盜)들은 살아남고 배경 없고 죄 없는 어진 양들은 속절없이 당하고 말았다. 한창 활발하게 일할 40대 초반의 일이어서 나의 방황의 세월은 구심점을 잃어 휘청거릴 그때 충무문인협회가 1980년 창립하게 되면서 나의 문단생활이 시작되었다.

1대부터 3대까지 연속 사무국장직을 맡아 충실히 수행해냈다. 또한, 생활을 기워갈 각종 사업에도 손을 대었으나 모두 실패하고 말았다. 이를 만회하는 방편으로 한국가스공사 시공 공사현장에서 막일도 7년간 하였으며 인력사무실을 들락거리기도 했다.

1990년 통영 문화원 창립 멤버로서 열악한 조건 속에서도 허가를 따냈다.(직접 서류뭉치를 문화부까지 들고 가서) 초대 사무국장과 이사직까지 지냈다.

이렇게 일복이 많아 파란만장한 세월을 보내며 이용만 당했으며 제대로 빛을 보지 못하고 배신만 당한 꼴이 되어 허우적거렸다. 그 세월이 나에게는 모두 잃어버린 세월이 되었다.

진실과 정직이 비리와 부정에 뭉개지는 역류 현상을 경험한 시기이기도 하다. 그나마 다행인 것은 문학예술이 그 빈 공간을 메워주었기에 오늘을 살고 있다.

하늘은 선과 악을 골고루 배분해서 나눠주고 어느 한쪽으로 심하게 치우치지 않게 하나 보다.

◉ 동생들에게

우리 칠 형제는 악조건을 업고 태어났다. 그것도 빈곤한 갯촌의 조그마한 섬에서 밭 600평짜리와 400평짜리에서 얻는 적은 소득으로 대식구가 먹고 살아가기란 힘에 부쳤다. 아버님은 풍선(돛 3개짜리)을 소유하여 어업에 종사하고 어머님은 농사에 전념하며 우리들을 키워냈다.

마침 나는 고모 다섯 분 중에 도회에서 한약방을 하는 둘째 고모님 댁에서 6년간 생활하며 중고등학교를 나왔다. 그것도 고종사촌 남자 형제만 여섯 분 중에 큰 형을 제외하고 나머지 다섯 형제와 단칸방에서 생활했다. 일 년에 껍덕보리 한 가마니씩 숙식비 대신 제공했다는 말을 들었으나 후문에 의하면 키우던 소 한 마리를 약방 운영기금으로 충당해 주었다는 말도 들렸다.

중년에 와서는 막내 고숙이 머구리여서 머구리선을 구입하는데 소유하고 있던 풍선을 팔아 보태면 동생들의 교육문제를 해결해 주고 생활에 보탬을 주겠다고 하여 그렇게 하였으나 박복이었는지 바로 밑의 동생이 여수중학교에 재학 중 강원도의 수심 30m 이상의 바다에서 작업을 하다가 병을 얻어 고숙이 사망하자 화려한 꿈들은 모두 물거품이 되었다. 동생은 통영중학교에 편입하여 도남동 큰고모님 댁에서 졸업했다. 그 이후로 수입원이 줄고 나 또한 제대로 된 직장을 갖추지 못해 동생들을 도와주지 못했으며 여섯째 일곱째 동생들은 겨우 고등교육과 학부교육을 받았으며 그 외 동생들은 자력으로 학업이며 자기 직업을 찾아 일어섰다.

특히 넷째 동생은 통영중학교 입학시험에서 7등을 했다는 기쁜 소식을 접했으나 가정 형편이 이를 뒷받침해 주지 못해 안타까운 마음 금할 길 없다. 그러나 낮에는 일하고 밤에는 야간학교에서 학업을 익혀 고등교육까지 이어 갔으니 다행한 일이었다. 그중에 셋째가 제일 마음에 걸려 진해에 있을 때 불러 직장도 구해주고 말년에 고된 일을 청산케 하여 고향에서 내가 경영하던 해상 가두리 사업에 종사케 하여 준 것이 전부다.

그러나 나는 삶에 대한 지략(智略)이 부족해 수입 창출을 늘리지 못하고 내자에게 항상 얹혀사는 삶을 살아왔기에 형제들을 도울 방법도 없었고 그냥저냥 세월을 뭉개고 살아가고 있다. 그래서 할 말이 있어도 할 말 다 못하고 묵언으로 지내고 있는 것이다.

그래도 우리 형제의 의리는 남달라 한 번도 서로 다툰 일 없었으며 남에게 해를 끼친 일도 없이 살아가고 있다.

오히려 내가 형제들의 도움을 받으며 살아가고 있고 자기 살기도 바쁠 텐데 넷째는 만날 때마다 비상금을 주어 나의 사회활동에 윤활유 역할을 하기에 고맙고 미안한 맘 금할 길 없다. 만일 막내 고숙이 살아남아서 사업이 번성하고 갯촌 섬마을 땅뙈기를 팔아 시내 도남동 해평 마을로 이주했다면 우리들의 삶은 한결 풍요로워졌을 것이다. 당시 섬에서나 도회의 땅 한 평 값이 공히 300원이었다는데 호랑이 할머니 옹고집이 무산시킨 결과였다.

아무튼, 앞으로도 계속 다툼 없이 서로 정겹게 도우며 살아가기를 바란다.

◉ 사랑하는 딸에게

인간은 다 저마다 타고 난 팔자, 즉 숙명이란 게 있나 보구나.

어떤 사람은 부모를 잘 만나 호의호식하다가 말년에 폐인이 되는가 하면 초년에 고생고생하면서 고초를 겪다가 말년에는 떵떵거리는 사람도 있기에 말이다. 그래서 인간은 살아온 경험을 바탕으로 삶을 설계해 나가는지도 모른다.

대학을 나오고 대학원을 거쳐 유학까지 했다면 선망의 대상으로 남들이 부러워하겠지만 실상은 그렇지 못한 예를 흔히 보고 산다. 고지식 인들과 유망직종을 가진 사람들도 마찬가지로 이들이 서로 결합하여 부부로 살다가 서로 배운 이론을 들먹이며 충돌하게 되면 큰소리가 등장하고 결국 파멸을 초래하는 경우를 흔히 보게 되니 말이다.

반면에 많이 배우지 못해서 자연의 섭리대로 순수하게 살아가고 있는 촌부들은 서로 배려하고 양보하며 다툼 없이 평생을 살아가고 있음도 본다. 비록 가난하지만 소박한 행복을 향유하며 맘껏 자유를 누리고 있으니 이에 더 부러울 것이 뭐가 있겠느냐, 즉 인간이 갖추어야 할 기본 덕목을 알아서 실천하는 예라고 봐야 하지 않을까,

너는 두뇌도 명석하거니와 스스로 진로를 개척하고 어려움을 이겨내는 슬기를 보여 주었다. 더구나 짝을 잘 만나게 된 것도 너의 올바른 선택의 결과였으며 현재까지 순탄하게 삶의 진로를 항해하고 있음도 큰 축복으로 여겨진다.

지난날을 되돌아보면 우리들의 무관심이 컸음을 자인한다. 나는 직장에 너의 엄마는 생업 현장에서 정신을 빼앗긴 나머지 너를 따뜻

하게 보살피지 못하고 대화의 창도 부실했다고 본다. 자라는 과정도 점검하고 도타운 정도 쌓아가야 했는데도 따뜻한 옷 한 벌, 용돈 한 푼 제대로 주어 본 기억이 없으니 바쁜 일상 때문이었다고 하기에는 변명 아닌 변명이라고밖에 볼 수 없겠다. 그런데도 너는 잊지 않고 명절 때나 우리의 생일 및 각종 행사 때 어김없이 큰 도움을 주고 있음이 고맙기 그지없다. 그리고 자랑스럽다.

다만 한 가지 뿌듯하게 기억에 남는 것은 너의 결혼식을 충무관광 호텔 잔디밭 광장에서 화려하게 치러준 것이 다행으로 여겨진다. 그때는 내가 사업을 하고 있었기에 그것만이라도 남부럽지 않게 해주고 싶은 마음이었으며, 하던 사업이 제대로 됐으면 너의 첫걸음에 도움을 주고 싶었으나 그렇지 못함이 못내 아쉽다.

사랑하는 내 딸아! 부디 건강하고 부부 금슬 좋게 평생토록 즐겁고 행복한 가정을 가꾸어 나가길 빈다. 고맙다.

잃어버린 세월

2021년 12월 5일 초판 인쇄
2021년 12월 10일 초판 발행

지은이 / 설복도

발행인 / 강병욱
발행처 / 도서출판 교음사
03147 서울 종로구 삼일대로 457 수운회관 1308호
Tel (02) 737-7081, 739-7879(Fax)
e-mail : gyoeum@daum.net
등록 / 제2007-000052호

* 잘못된 책은 바꿔 드립니다. 값 12,000원

ISBN 978-89-7814-844-3 03810